FRANK WEDEKIND

ICH HAB MEINE TANTE GESCHLACHTET

FRANK WEDEKIND

ICH HAB MEINE TANTE GESCHLACHTET

LAUTENLIEDER
UND „SIMPLICISSIMUS“-GEDICHTE

RÜTTEN & LOENING
BERLIN

Herausgegeben und eingeleitet von Manfred Hahn

EINLEITUNG

Frank Wedekind war nach der Jahrhundertwende der skandalöseste und umstrittenste Schriftsteller Vorkriegsdeutschlands – er sorgte für die explosivsten Theaterabende, er bekam die meisten Zensurverbote, seine Feinde erhitzten sich an den „übelriechenden Stücken", an der „Schmutzpoesie" dieses „Wahnsinnigen" und „Verbrechers". Aber auch die so verschiedenartigen und untereinander oft zerstrittenen Geister, die sich unter der Fahne Frank Wedekinds sammelten, trieb es zu Superlativen. „Wedekind, wird die Geschichte einmal sagen, war in einer teils senilen, teils puerilen, teils femininen Epoche der einzige Mann", schrieb 1910 der so bedachtsame Thomas Mann, und der junge Bertolt Brecht, Sprecher einer neuen Generation, zählte ihn zu den „großen Erziehern des neuen Europa".

Heinrich Mann, der Freund, begriff das Hohngelächter der einen und die Liebe der anderen, das Mißverstehen und – für eine kurze Spanne, vor und nach dem ersten Weltkrieg – den großen Erfolg aus dem gesellschaftskritischen Kern dieses Werkes, seinen Attacken gegen die herrschenden bürgerlichen Normen in Politik, Moral und Literatur: „Wenn im Jahre 1900 jemand schon so schrieb, als sei es 1914: wer sollte den mit offenen Armen empfangen! ... Ob es ihm dabei wohl oder wehe war, er sah nur Kampf, fühlte nur das immer atemlosere Gewühl des Kampfes – im Lande wie in seinem Herzen. Weiber, die nur genießen, Männer, die nur erraffen, jede uneigennützige Handlung ein Hereinfall, jedes freundliche Gefühl ein Gelächter, nur kalte Neugier für Menschliches anstatt Teilnahme, nur Machtsucht sogar bei dem Denker, den Armen vom Gesetz nur gerade das gefährliche Maul gestopft, den Schiebern aber jeder Erfolg auf Erden und im Himmel: das alles war in seinem Herzen schon fertig, als es im Lande erst heranwuchs ... Der Krieg bestätigte restlos die Auffassung vom bürgerlichen Leben, die Wedekind seit Jahrzehnten behauptete. Das bürgerliche Leben ward ganz unverstellt eben das, was es unter Beschönigungen schon längst gewesen war: Kampf bis aufs Messer, unnachsichtige Härte, schamlose Ausnützung jedes Vorteils ... Und es ward tiefe, tiefe Verlorenheit jedes schlagenden Herzens." Der Streit um Wedekind, der Entscheid für oder gegen ihn entfernte sich so weit von kleinlicher oder geistvoller Boshaftigkeit unter Schriftstellern, obgleich es auch an ihr nicht fehlte. Er war programmatisch, wies die eigene Haltung gegenüber dem deutschen Vorkriegsimperialismus aus.

Nie zielte dieser Streit aber nur auf die Bücher des Frank Wedekind. Denn dieser Mann verblaßte den Zeitgenossen nicht neben seinen Werken. Im „Wedekind-Buch", in dem, 1914, fast alle bedeutenden bürgerlich-fortschrittlichen Künstler Deutschlands dem Fünfzigjährigen huldigten, fand jeder einen anderen Namen für das Attraktive des Werkes, wie einst die Liebhaber für ihre, für seine Lulu. Das unbeirrbar Gemeinsame aber faßte die spätere Formel seines Meisterschülers Brecht: „Sein größtes Werk war seine Persönlichkeit ... Es war die enorme Lebendigkeit dieses Menschen, die Energie, die ihn befähigte, von Gelächter und Hohn überschüttet, sein ehernes Hoheslied auf die Menschlichkeit zu schaffen, die ihm auch diesen persönlichen Zauber verlieh." Frank Wedekind war – dies vor allem – ein großer, vielseitiger, raffinierter Kämpfer für sein Werk. Mitleidlos mit sich selbst und den anderen, mit fanatischer Härte stellte er sein Leben auf seine Kunst, seine Kunst aber fragte nach der Würde des Lebens in bürgerlicher Zeit. Und Herakles, in Wedekinds letztem

Drama, spricht für ihn und für all die Dramenhelden, in denen er immer wieder sich selbst gab: „So freud- und ruhmlos ist kein Kampf, wie der um schlichte Menschenwürde.“ Dennoch blieb Frank Wedekind die unverwüstlich-elastische kämpferische Aktivität, in der sein Leben und Werk zusammenfanden. Und so wurde – nach Heinrich Mann – der „Geistesgesellschaft kurz vor dem Kriege ... Wedekind unter allen Lebenden eine der größten und die ergreifendste Erscheinung“.

Frank Wedekinds Leben könnten Titel seiner Dramenakte überschreiben: In allen Sätteln gerecht. In allen Wassern gewaschen. Mit allen Hunden gehetzt.

Frank Wedekind, am 24. Juli 1864 in Hannover geboren, verlebt mit sechs Geschwistern eine sorglose Kindheit auf dem alten Schloß Lenzburg, im Schweizer Kanton Aargau. Der Vater war 1872 endgültig aus dem verhaßten großpreußischen Kaiserreich Bismarcks emigriert. Dieser weitgereiste reiche Arzt, liberal-demokratischer Gesinnung, war nach dem Scheitern der Revolution von 1848 enttäuscht nach San Franzisko ausgewandert; er hatte dort eine deutsche Schauspielerin und Sängerin, halb so alt wie er selbst, geheiratet und sich mit ihr seit 1864 wieder in die deutsche Gesellschaft einzuleben versucht. Vergeblich. Der junge Frank Wedekind wird von der weltoffenen, ungebundenen, politisch oppositionellen Atmosphäre des Elternhauses geformt. Noch mehr aber vom inneren Zerfall der Familie des alternden Dr. Wedekind, der sich nicht mit der gesellschaftlich unproduktiven Lage des wirkungslosen Außenseiters abzufinden wußte und – ein Zeitschicksal – mehr und mehr zum grollenden, gefürchteten Sonderling wurde. Erste Widersprüche zwischen Ideal und Wirklichkeit wiederholen sich für Frank in den Lenzburger und Aargauer Schulen, die den eigensinnig Begabten 1884 mit einem notdürftigen Abitur entlassen.

Er erlebt Heinrich Heine. Auch Eindrücke aus Eduard von Hartmanns pessimistischer Philosophie, aus Epikurs sensualistischer Bejahung des Ich verdichten die eigenen Grunderlebnisse; dann wirkt Friedrich Nietzsche auf ihn. Elegisch und provokatorisch greift er in ersten Gedichten, epischen und dramatischen Fragmenten spätere Lebensthemen an: den Zusammenstoß des zu behauptenden natürlichen Lebens mit gesellschaftlichen Normen; die Herrschaft der Triebe, des Egoismus als menschlichem Grundtrieb; den Zerfall menschlicher Beziehungen und – als Gegengewicht – die Sehnsucht nach Freundschaft. Als entscheidendes Schicksal und „Schlachtfeld" aber erfährt der Frühreife die Liebe; seine werkbeherrschende, vieldeutige Maxime „Das Fleisch hat seinen eigenen Geist" sitzt ihm selbst tief in Fleisch und Blut.

1884 entkommt er in ein vom Vater vorgeschriebenes Jurastudium nach Lausanne und München. Dichtung gilt ihm aber bereits als unumstößlicher Lebensberuf. Vor allem seine heimliche Schriftstellerei löst den Bruch mit dem Vater aus. Plötzlich, 1886, ist er frei von Bindungen, aber auch von Mitteln. Als Journalist und Reklamechef für Maggi-Suppenwürze lernt er in einem Notleben von unten auf erstmals seine Elastizität erproben; der Züricher Freundeskreis um die Naturalisten Gerhart Hauptmann und Karl Henckell fördert seine literarische Erziehung – zum Anti-Naturalisten.

Der Tod des – zuvor versöhnten – Vaters wendet das Leben des Vierundzwanzigjährigen abermals: Pflichtenlos, durch ein Erbe von 20000 Francs gesichert, stürzt er sich in die Literatur und in den Genuß. Er lebt in Berlin, München, London, in der Schweiz und jahrelang, fasziniert, in Paris. Jetzt lernt er die ihm gemäße Form des Dramas beherrschen, der Dramatiker Wedekind findet seine unverwechselbare Handschrift. „Frühlings Erwachen" (1890/91), „Fritz Schwigerling" (1891/92) und die Lulu-Stücke (1892–1901) erheben in expressiver Schärfe unverstümmelten Lebenswillen, vitale Kraft, den natürlichen Geist des Fleisches gegen die verlogene Normalität der Gesellschaft. Er entdeckt seine Ideale im Lebenskreis einstigen jugendlichen Erwachens und vor allem in der Pariser Welt und Halbwelt des „fünften Standes", der Zirkusmenschen, der Edeldirnen, der aggressiven Kabarettisten des Montmartre, der genialen Außenseiter, die ihm wie Rudinoff und später Grétor zu Leitbildern werden. Paris formt sein Weltbild aus und bildet die Form seiner Kunstwelt.

Abermals fast völlig mittellos, beendet er 1895 die ersten Semester der Hohen Schule der Liebes- und Lebenskunst und erprobt nun, ungebrochen, die Kunst, am Leben zu bleiben. Er arbeitet als Sekretär Grétors, des berühmtesten modernen Bilderfälschers, als Rezitator, Journalist, Regisseur, Dramaturg und Schauspieler. In zwei Jahren, 1897 und 1898, wechselt er neunzehnmal den Wohnsitz. Seine Mitarbeit am „Simplicissimus" bringt ihm schäbiges Honorar – für einige Gedichte nur zwei Mark fünfzig –, schließlich aber einen Majestätsbeleidigungsprozeß ein; in halbjähriger Festungshaft erlebt er den Anbruch des neuen Jahrhunderts.

Seit 1895 lebt Wedekind vorwiegend wieder in Deutschland, zum Theater drängend, um für sein Leben: seine Dramen zu kämpfen. Als er 1901 als schaurig faszinierender Bürgerschreck mit seinen Lautenliedern auf die Brettlbühne der „Elf Scharfrichter" Münchens tritt, ist er siebenunddreißig Jahre alt. Er hat neun Dramen vollendet, zwei wurden gespielt, in dreiundvierzig Aufführungen. Er singt und klimpert, um nicht zu hungern, auch aus diabolischem Vergnügen, den verachteten Bürgern unter Bluff, Hohn, echten und vorgetäuschten Zynismen ein wenig Wahrheit zu versetzen, vor allem aber, um durchzudringen, sein dramatisches Lebenswerk durchzusetzen. Das „Bajazzo"-Lied gibt die Maxime jener Jahre. Frank Wedekind nimmt seine Lebensfragen immer sehr unmittelbar in sein Werk hinein. Die neuen Existenzkämpfe bereichern das Grundthema: von der Kunst, im Kapitalismus menschlich würdig am Leben zu bleiben. In den Dramen „Der Kammersänger" (1897) und „Der Marquis von Keith" (1898–1900) sind die erbarmungslosen Kämpfe um die Existenz nun unter Künstlern und Geschäftsmenschen, nicht mehr nur in der Welt des Sexus angesiedelt, und die Helden retten sich aus ihren Zusammenbrüchen mit der Maxime „Das Leben ist eine Rutschbahn" ins Weitermachen, in den nächsten Lebensversuch.

Die unaufhörlichen Mißerfolge bei einem bürgerlichen Publikum, das sich nicht in den Dramen des nackten Daseinskampfes, entfesselter Triebe des Sexus und Mammons wiedererkennen will, führen Frank Wedekind in die Krise seines Künstlertums. Immer stärker verliert er sich in rhetorische Bekenntnisse gegen die Mißdeutung und Verkennung seines moralischen Wollens. Seine konfliktreiche Ehe mit der Schauspielerin Tilly, mit der er fortan in Berlin und vor allem in München, häufig auch auf gemeinsamen Wedekind-Tourneen lebt, gibt den alten Themen neuen Lebensboden. Aber bei allen genialen Strichen im einzelnen vermögen diese Thesenstücke um die Wiedervereinigung von Sinnlichkeit und Sittlichkeit das zeitgenössische Leben nicht mehr echt dramatisch zu objektivieren. Eine letzte Werkphase, gipfelnd im „Herakles" (1916/17), in dem am traditionsgebundenen Stoff in

Wedekind und Tilly Newes. Berlin 1906

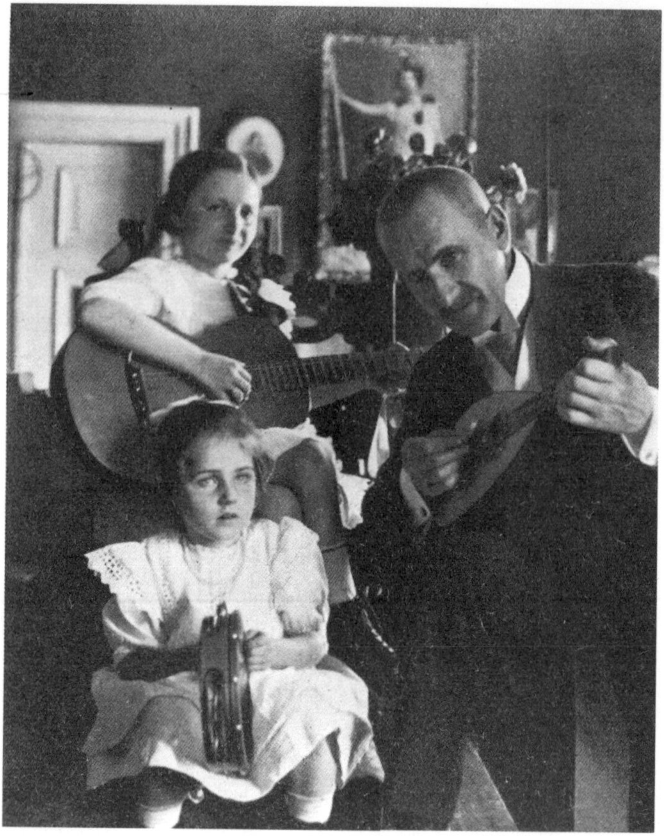

Wedekind mit seinen Kindern Pamela und Kadidja im Sommer 1915

zuchtvoller Verssprache das lebenslange Ringen um Menschenwürde versinnbildlicht wird, bricht Wedekinds Tod am 9. März 1918 ab.

Frank Wedekind erprobt sich in vielen literarischen Gattungen. Die Zeitgenossen und auch er selbst empfinden aber, daß er vor allem im Drama sein Eigenstes gebe; seine Ansicht vom bürgerlichen Leben, seine Art, auf dieses Leben zu reagieren, drängen ihn immer stärker zur antithetischen, vom Konflikt beherrschten Form des Dramas. Nur wenige seiner Erzählungen, wie „Der Brand von Egliswyl" und „Rabbi Esra", haben ähnliche künstlerische Kraft wie seine Stücke. Auch die meisten seiner fast zweihundert veröffentlichten Gedichte, in den ersten drei Schaffensjahrzehnten, vor allem in den achtziger und neunziger Jahren des vorigen Jahrhunderts entstanden, umspielen die Grundakkorde, die die Dramen setzen. Den einen neuen Klang aber, den diese Lyrik in den Bänkelgesängen gibt, vernehmen wir weniger leicht als die Zeitgenossen; denn die lyrische Entwicklung des 20. Jahrhunderts, nicht zuletzt die des Wedekind-Schülers Brecht, wandelte das einst Neue zu Gewohntem, setzt es zudem unter ein schärferes kritisches Maß. Dennoch strahlen auch heute noch gerade diese Bänkelgesänge, wie etwa „Brigitte B." oder „Der Tantenmörder", den Zauber lebendiger Dichtung aus.

Der Bänkelgesang von der Brigitte B. greift ein Stück Lebensalltag, bürgerlichen Alltag heraus. Frank Wedekind schrieb das Gedicht Anfang der neunziger Jahre unter dem Eindruck einer Gerichtsverhandlung. Leben in seiner prallsten Gewöhnlichkeit – angesichts der zeitgenössisch vorherrschenden neuromantischen und symbolistischen Lyrik der erlesenen Dinge und subtilen Gefühle. Die für die Zeitgenossen neuartig schockierende Wirkung dieses Bänkelsangs entsteht aber nicht allein daraus, daß hier Stoffe und Themen aus der Welt der kleinen Leute, der Erniedrigten und Beleidigten genommen wurden; das tat auch die naturalistische Lyrik. Das Besondere bei Wedekind: Sein Gedicht gestaltet dieses bedrückend gewöhnliche Schicksal, den Untergang eines armen, lebensunkundigen Mädchens, nicht aus einem tragisch-sentimentalen oder pathetischen, anklägerischen Grundgestus heraus. Er berichtet nur – sachlich, nüchtern. Ein kalter Beobachter beschreibt Tatsachen, Verhaltensweisen. Nicht nur sein eigenes Gefühl scheint zu schweigen – auch das der lyrischen Figuren ist verstummt. Die lyrische Analyse begibt sich nicht in seelische Tiefen und psychologische Verästelungen, sie heftet sich an die beobachtbaren Handlungen in ihrer logischen Abfolge. Da nimmt sich ein „Individuum" den Körper der unerfahrenen Brigitte B., nutzt ihre sexuelle Hörigkeit, um den Kassenschrank der Herrschaft auszurauben, „und zollt ihr nicht mal mehr den Dank". Auch nun kein Wort vom Herzeleid der Brigitte B., keine Weise von Liebe und Tod. Zwei Sätze berichten von Flucht und Gefangennahme. Ein Menschenschicksal – sie ist die erste nicht und nicht die letzte.

In dieser Sachlichkeit eines Wedekindschen „So ist das Leben" steckt aggressiver moralistischer Protest. In „Brigitte B." setzt vor allem der Refrain einen schneidenden Kontrast zum strophischen Bericht. Einem „Ach Gott! Mein Gott!", das den Strophen sentimental nachschmachtet oder sie satirisch aufhebt, folgt stereotyp die melodiöse Lustigkeit des „Dideldideldumda, dideldideldumda; dideldideldumda dum dum da". Diese Imitation des bänkelsängerischen Drehorgelgeleiers, das auf Harmlos-Banales und auf Qualvolles immer gleichartig erklingt, diese spaßhafte Gleichgültigkeit erzeugt grausendes Entsetzen. Diese vertraute Bürgerwelt, in der so eine Brigitte-

Wedekind in seinem Arbeitszimmer in München. Nach 1908

wesentliche Deformierungen, die der Kapitalismus den Menschen aufzwingt. Die gleichzeitig entstehenden Dramen verdeutlichen, daß Wedekind in den Entartungen das unaufhebbar „Normale" seiner verurteilten Epoche und ihrer Menschen erblickt. Gegen dieses „Normale" setzt er die „natürlich"-freien kraftvollen Lebensinstinkte der vitalen Außenseiter und Edeldirnen. Das „Bajazzo"-Lied, die Liebes- und Tanzlieder verherrlichen Schönheit und elastische Stärke, das Sichausleben jenseits gegebener gesellschaftlicher Normen. Wedekind folgt nicht der Tradition des politischen Bänkelsangs und der bürgerlichen politisch-sozialen Ballade des 19. Jahrhunderts, bis hin zum Naturalismus, die gegenüber dem alten Bänkelsang viel stärker Rührung und Mitleid für den „unschuldigen Armen" erzeugen wollen; die „soziale" naturalistische Verbrecher- und Dirnenromantik fehlt bei ihm. Aber letztlich führen seine individualistischen „positiven" Wertsetzungen auch nur zum „fünften Stand", in das gesellschaftliche Abseits eines provokatorisch aggressiven, aber praktisch weglosen antikapitalistischen Revoltierens. Die humanistische Sehnsucht Wedekinds wird zur tragischen, scheinheroischen Donquichotterie. Auch dieser antibürgerliche Kämpfer ist in das Spannungsfeld spätbürgerlicher Verfallsprozesse gebannt, deren mehr oder minder starkem Einfluß sich nicht einer der bedeutenden bürgerlichen Schriftsteller der Jahrhundertwende zu entziehen wußte. Das erklärt auch etwas die Schwierigkeiten der späteren und noch der heutigen Auseinandersetzung mit Wedekind.

Das Lebensgefühl des mit keiner fortschreitenden gesellschaftlichen Klasse verbundenen bürgerlichen Intellektuellen bietet diesen Bänkelgesängen den Mutterboden, ihr Klang aber ist auch aus literarischen Erlebnissen zusammengeschmolzen: Heinrich Heine und das Pariser Cabaret vor allem, aber auch die bänkelsängerische Gattungstradition bestimmen ihn.

Den ersten Bänkelgesängen, die der Schüler Anfang der achtziger Jahre für Kneipabende des Gymnasiasten-Dichterkreises „Senatus Poeticus“ schreibt, fehlt noch der eigene Ton. Die strukturbildenden Züge des Bänkelsangs, besonders seiner Parodien und parodistischen Nutzung in der Kunstdichtung des 18. und 19. Jahrhunderts, werden in den Moritaten auf die „Ermordung Alexanders II.“ oder auf tragische Schulerlebnisse erprobt. Diese Züge wurzeln in der ursprünglichen Gestalt und Funktion des Bänkelsangs. Seit dem 16. Jahrhundert belehrten wandernde, bei den Obrigkeiten wenig beliebte Zeitungssinger auf Märkten, Messen und Kirchweihfesten die niederen Volksschichten über die neuesten Sensationen, politischen Ereignisse, Katastrophen, Verbrechen, die „Moritaten“, wie später ironisierend gesagt wurde. Zumeist von anlokkender Drehorgelmusik unterstützt, leierte der Bänkelsänger – wie er seit dem Beginn des 18. Jahrhunderts genannt wurde – zu eintönig-untermalenden Melodien oder solchen bekannter geistlicher und weltlicher Lieder seine unbeholfen gereimten, „literarisch" geschwollenen Verse vor. Er stand dabei auf einem Holz-Bänkel und deutete mit einem Stabe auf veranschaulichende, grell-aufreizende Wachstuch-Bildtafeln; schließlich beendete er das ergreifende Spektakulum, seine Reklame, mit dem Verkauf der vorgetragenen Geschichten auf fliegenden Blättern. Der epische Liedbericht mußte seine Zuverlässigkeit durch sachliche Ausführlichkeit und übergenaue Zeit-, Orts- und Namensangaben „beweisen", zugleich aber durch stärkste Anschaulichkeit, grelle Kontraste und Übertreibungen im ungebildeten Publikum Grausen und Schrecken, Mitleid und Tugend erregen. Schließlich entließ er, nach wiederholten pathetischen Ermahnungen, seine Zuhörer mit einer pointierten Schlußmoral.

Als ernstgenommene volkstümliche Kunstform lebte der Bänkelsang bis ins 19. Jahrhundert fort. Auch die Kunstdichtung übernahm seine Effekte, am reifsten zuerst in den Schauerballaden Gottfried August Bürgers. Auch Schiller versagte sie sich nicht immer; sein „Ritter Toggenburg" wurde als Moritat noch auf den Märkten gesungen. Bald aber, besonders seit dem Anfang des 19. Jahrhunderts, kostete man die Komik des übertrieben-unbeholfenen Bänkelsängerstils aus; von Kortums „Jobsiade" über Heines vernichtende politische Satiren bis zu Friedrich Theodor Vischers scherzhaften Schartenmayer-Moritaten wurde sie ebenso genutzt wie von den Hunderten anonymer politischer Bänkelgesänge der Napoleonzeit oder der Revolutionszeit von 1848.

Diese fünf Dichternamen bezeichnen die lyrische Tradition Frank Wedekinds. Von Bürger – dessen „Lenore" er gern auswendig rezitiert – lernt er den dynamischen Rhythmus, auch einzelne bänkelsängerische Kunstgriffe. Schiller, der erklärte Lieblingsdichter auch des Dramatikers, wirkt vor allem mit seinem sentenzenhaften Stil und seiner Mischung von Anschauung und Abstraktion auf Wedekinds Lyrik. „Hieronymus Jobs" verfaßt nicht nur die „Simplicissimus"-Gedichte, schon 1883 gibt die Jobsiade das Muster für ein „längeres Poema" „Sancta Simplicitas" ab. Wedekind nützte auch die situationskomischen und parodistischen Elemente der Bänkelsängerei Vischers und seiner ungezählten Nachahmer; in einem Bänkelgesang wie etwa „Das Lied vom armen Kind" greift die Parodie selbst die Gattungsstruktur an. Dennoch sind Wedekinds bedeutendste Bänkelgesänge durchaus nicht scherzhaft, da ihr „Scherz" gegen das kalte, gewöhnliche Leben angeht. Sie besitzen aber ebensowenig die Ernsthaftigkeit des alten Bänkelgesanges: Wedekinds moralistisches Pathos drückt sich nicht unmittelbar, sondern hinter unterkühlter Sachlichkeit aus; es richtet sich nicht auf das berichtete Vordergrundgeschehen, sondern weist auf das Dahinter des bürgerlichen Lebens. Ihm gegenüber erweckt zynischer Haß – dem alten Bänkelgesang ganz fremd – satirischen Abscheu und groteskes Grauen.

Nicht zufällig wird so Heinrich Heine zum zentralen literarischen Jugenderlebnis. Sein Einfluß verdichtet sich vor allem in Wedekinds liedhafter Lyrik, erzeugt aber ebenso in nicht geringem Maße bloße „Heine"-Epigonik. In den Bänkelgesängen ist seine Handschrift vor allem in der ironischen Provokation zu spüren, in der Art, als scheinbar objektiver Berichterstatter im Ausruferton seine Opfer zu demonstrieren, schließlich in dem die Satire zuspitzenden geheuchelten Mitgefühl, welches das „Arme Mädchen" mit einem „Es läßt sich gar nicht sagen, / Wie glücklich sie war" entläßt. Vor allem aber – und das geht nicht ohne Umdeutungen ab –: In Heine fühlt er sich selbst, die romantisch-antikapitalistische Aggressivität des noch verloreneren „enfant perdu" Frank Wedekind vorgelebt.

Noch verlorener, denn Wedekind sieht sich nicht dem Bürgertum zwischen 1830 und 1848 gegenüber, sondern einer vorläufig gesicherten, saturierten, imperialistisch ausgreifenden Bourgeoisie. Diese Lebenssituation, dieses Lebensgefühl eines intellektuellen Partisanentums, das seinen ohnmächtigen Haß gegen das Bürgertum loswerden, sein gesellschaftliches Leiden im Eiswasser aggressiver Zynismen ersäufen will, trennen seine Lyrik von den hervorragendsten revolutionären Gedichten Heines, lassen das Kabarettistische entscheidend auf sie einwirken. Denn das politisch oppositionelle, engagierte bürgerliche Kabarett wurzelt als Kunstform gerade in dieser Lebenssituation, diesem Lebensgefühl. Die ersten Cabarets im Paris der achtziger und neunziger Jahre des vorigen Jahrhunderts erhalten ihre besondere Note dadurch, daß da als Publikum der gehaßte und gesicherte Bürger sitzt, voll großstädtischen Reizverlangens, intellektuell fähig, die Nuance zu erfassen, bereit, sich ungefährdet scharf kitzeln zu lassen. Bürger und „Bürgerschreck" Auge in Auge, nur durch die Rampe getrennt – das schuf in jenen Jahren kabarettistisches Fluidum.

Wedekind und seine Brettl-Lyrik – deren Reiz sehr auf einer unmittelbaren, das Gedicht mitprägenden Resonanz eines Publikums ruht, die auch häufig für ein konkret vorgestelltes Publikum geschrieben wird – werden von jener kabarettistischen Atmosphäre geformt. Die Brettl-Lieder, vor allem die Bänkelgesänge des Münchener „Scharfrichters" Wedekind tragen diese Atmosphäre nach Deutschland: Frank Wedekind wird der erste große deutsche Kabarettist.

Er nutzt hier sein Grunderlebnis Paris. Die geistige Würze zum fleischlichen Leben jener vier ersten großen Parisaufenthalte von 1891 bis 1895 bieten ihm vor allem Kabarett, Zirkus und Ballett: Körperkunst und Kleinkaliberkunst. Er ist im Cirque d'hiver, im Cirque d'été, im Nouveau Cirque zu Hause, im Moulin-rouge, in den Champs-Elysées, in den Folies-Bergères. Er begeistert sich für den Clown Mr. Daniel, die Brüder Lee, für den Tanz der Campana, der Jeanne la Folle. Er lernt von den Chansons der Yvette Guilbert und des sozialkritischen, plebejischen Aristide Bruant, dessen Cabaret „Mirliton" neben Rodolphe de Salis' „Chat Noir" die neue Kunstform Kabarett begründete. Diese Schauspiele antibürgerlichen Außenseitertums und bajazzohafter Elastizität, diese Varieté-Dreiheit von rebellischem Wort, Musik und Tanz wirken nicht nur auf die weltanschaulichen Gehalte seines Werkes. Tempo, gestischer und sprachlicher Rhythmus des „Fritz Schwigerling" und der Lulu-Dramen sind neuartig gegenüber den älteren Dramen; in Tanzpantomimen versucht er sich in Kunstformen des Varietés; Rhythmus konstituiert in erhöhtem Maße seine Lyrik.

Frank Wedekind, der bereits als Schüler 1882 sich auf Geige, Flöte und Gitarre versucht hatte und dann als leidenschaftlicher Gitarrespieler schon früh eigene Verse zu volkstümlichen Melodien vom Schnadahüpfl bis zum „Schön ist ein Zylinderhut" sang, schafft jetzt auch eigene Melodien zu seinen Versen, zu „Mein Lieschen", „Ilse", „Der Anarchist" und „Das arme Mädchen". Vor allem um die Jahrhundertwende, im Zeichen der Überbrettl-Bewegung, entstehen dann eine Fülle weiterer Melodien. Daß diese Melodien, ganz im Sinne des Kabaretts, aber auch des Bänkelsangs, zumeist den Text nur tragen, untermalen

Die 11
Scharfrichter
Münchener Künstler

sollen, erhellt schon daraus, daß Wedekind immer wieder auf bekannte Motive und Rhythmen zurückgreift. Er benutzt die volkstümliche strophische Liedform, keines der Lieder ist durchkomponiert, nur wenige geben kaum merkliche Melodie-Variationen in einzelnen Strophen. Selten besitzt die Melodie eine eigenständig deutende Funktion, zumeist die des Kontrastes wie im Leierkasten-Refrain der „Brigitte B.“, aber auch die der sarkastischen Übertreibung wie etwa in „Diplomaten“. Motive und Rhythmen übernimmt er jetzt nicht mehr nur aus Volks- und Studentenliedern. Paris bietet ihm Modetänze; aus London bringt er Melodien der Heilsarmee herbei.

Die Idee des Kabaretts liegt auch in Deutschland in der Luft. Bierbaums Roman „Stilpe“ propagiert sie, nach Anregungen Wedekinds; aber erste „Chat-Noir“-Pläne seines Verlegers Albert Langen und seines Regisseurs Carl Heine scheitern. Nach der Jahrhundertwende entstehen dann, vor allem in Berlin und München, kurzlebige Kabaretts und Tingeltangels; Wolzogen beginnt am 18. Januar 1901 in Berlin mit dem „Überbrettl“.

Kurz nach den ersten Vorstellungen stößt Frank Wedekind zu dem am 13. April 1901 eröffneten Münchner Kabarett der „Elf Scharfrichter“. Es wurde, die Tradition des „Chat Noir“ und des „Mirliton“ fortsetzend, zum ersten deutschen Kabarett, das die Bedingungen dieser Kunstform wahrhaft beherrschte. Eine dem henkerlichen Vergnügen hingegebene, eng verbundene Gruppe schöpferischer Künstler verstand in einer bunten, zugleich planvoll konzentrierten Programmfülle den Eindruck des Unmittelbaren, fast des Improvisierten zu erwecken, wußte im intimen Saal des „Goldenen Hirsch“ den hundert „Exekutions“-Zuschauern auf die Haut zu rücken, ihnen die Rampe fortzusuggerieren. Volkslieder, Chansons und Bänkelgesänge, parodistisch-groteske

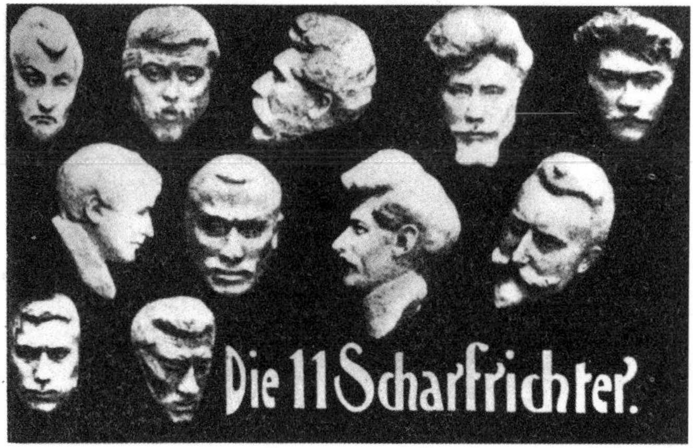

Die Köpfe der „Elf Scharfrichter", modelliert von Wilhelm Hüsgen. Obere Reihe von links: Frigidius Strang (Robert Kothe), Max Knax (Max Langheinrich), Hannes Ruch (Hans Richard Weinhöppel), Peter Luft (Otto Falckenberg), Dionysius Tod (Leo Greiner). Mittlere Reihe: Till Blut (Wilhelm Hüsgen), Gottfried Still (Victor Frisch), Balthasar Starr (Marc Henry), Willibaldus Rost (Willy Rath). Unten: Serapion Grab (Willi Oertel) und Kaspar Beil (Ernst Neumann)

Kurzszenen, Pantomimen wie Wedekinds „Kaiserin von Neufundland", Puppen- und Schattenspiele prägten den varietéhaften, aber zugleich stark die Literatur betonenden Charakter dieses Kabaretts. Die Stars dieses literarischen Kabaretts: die große Diseuse Marie Delvard, die den ersten Scharfrichter-Abend mit Wedekinds „Ilse" zum Triumph führte, und Wedekind selbst, der erste klassische deutsche Chansonnier. Ein Programm aus dem Jahre 1902 verzeichnet als seine Nummern: Brigitte B., Das arme Mädchen, Der Tantenmörder, Franziskas Abendlied, Der Taler, Die sieben Heller, Mein Lieschen, Galathea, Die Symbolisten, Der Zoologe von Berlin, Hundeballade, Der blinde Knabe. Bis zum Dezember 1902 stand Wedekind fast jeden Spielabend auf der Brettlbühne, nach dem Bruch

Acht von „Elf Scharfrichtern“ im Hof der Münchner Gaststätte „Zum Hirschen“. Ganz links: Wedekind

mit den „Scharfrichtern“ bis 1905 in Josef Vallées „Sieben Tantenmördern“ – für Honorare von fünf bis sechzig Mark, in scharfrichterlicher Leidenschaft, aber auch voll wütender und mitunter resignierender Verzweiflung, nur als Bajazzo, nicht aber als Dramatiker die Bretter zu erobern und noch als Bänkelsänger zum mißverstandenen Hofnarren zu werden. „Damals war sein Auftreten niegesehen, von nahezu schauriger Niegesehenheit. Die bebänderte Laute in schwerfälligen Händen, trat vor die schöne Welt jenes ästhetisierenden Zeitabschnittes eine mit allen Wassern gewaschene Erscheinung ... Kleine Schritte, ‚ich komme, ihr entgeht mir nicht‘. Untersetzt, ein scharfgeschnittener Kopf mit Cäsarenprofil, die Stirn unheilverheißend gesenkt und von geschorenen Haaren ausgezackt. Augen aber, die anzüglich aufzuckten, unbekannt warum. Auch zuckte Gereiztheit mit, und gleich danach verstummten sie schwermutsvoll Klimpern, wie gereizt, dann der Vortrag. Nasal, scharf, schallend – in vielsagenden Pausen aber wand und krümmte sich der Sänger unter den eigenen Hintergedanken." Heinrich Manns Bericht verdeutlicht, wie sehr das Faszinierende dieser Lyrik an das Faszinierende dieses Menschen gebunden war.

Der Lyriker Wedekind erschöpft sich nicht in dem eigenen Ton seines Bänkelgesanges. Die melancholische, weich einem Gefühl hingegebene Subjektivität in „Der blinde Knabe" neben dem temperamentvollen Tanzlied „Auf eigenen Füßen – Donnerwetter", die aggressive Polemik in „Diplomaten" neben der anakreontisch tändelnden „Galathea", das volksliedhaft schlichte Bekennen der „Ilse" neben der „Heineschen" Pointierung in „Waldweben", das bloße Witzgedicht des „Symbolisten" neben dem Hymnus auf „Ella Belling", die konzentriert melodiöse Gedankenlyrik des „Bajazzo" neben dem komischen Geleier der Jobsschen Knittelverse – diese Vielfalt oft gleichzeitig entstehender Gedichte erlaubt keine einlinige Formel für diese lyrische Kunst. Doch nur der Klang der bänkelsängerischen Hintergedankenlyrik – gemischt aus nüchterner Beschreibung gewöhnlichen Lebens, aus verdeckter Provokation, mit blitzartigen Ausbrüchen aggressiver Groteske – hat in der deutschen Lyrik des 20. Jahrhunderts Folgen gehabt. Auch ist nicht zu verkennen, daß ästhetisch Unreiferes und auch bloße Kunstfertigkeit vornehmlich an bestimmte Aussageweisen geknüpft sind, besonders an die allzueng-subjektive stimmungslyrische Selbstaussage elegischer oder selbstironischer Prägung, an die Hymnik und schließlich an „heinisierende“ Gedichte wie „Altes Lied“.

Das sind allerdings lediglich grob ausrichtende Merkzeichen; natürlich gehört jedem Gedicht sein eigenes Urteil. Vor allem einige von Wedekinds episch-liedhaften und volksliedhaften Dichtungen wie „Ilse“, „Der Taler“, „Die sieben Heller“, „Die Wetterfahne“, „Das Goldstück“ oder „Die neue Communion“ sind bleibend bezaubernde Kunstleistungen. Die Erbschaft Heines wird hier – neben der des Volksliedes – fruchtbar; balladeske und bänkelsängerische Erfahrungen fördern die stärker episierenden Gedichte.

Den volksliedhaften Ton verwirklicht beispielhaft das Gedicht „Ilse“, in dem sich ein Lebensschicksal als alles umfassendes Weltgefühl der Liebe lyrisch erzählt, in dem leicht verhaltenen, bewegten, aber nicht erregten Rhythmus, im gleitenden Ein-Klang der drei Volksliedstrophen. Die Detailfülle, die Wedekindsche Genauigkeit und konkrete Anschaulichkeit der gegebenen Tatsachen – Aufbauelement des Wedekind-Tons schon in den Bänkelgesängen – verbinden sich in „Ilse“ stilbildend und überaus reizvoll mit dem Schlicht-Liedhaften. Erlebnis und Realität tragen auch hier die charakteristische Lebensdichte; Wedekind schrieb „Ilse“, die sein eigenes Lebensgefühl in einem Rollengedicht ausspricht, „nach der Natur“, auf seine Pariser Freundin Alice, am 4. Dezember 1893.

Lieder anderen Typus, wie „Die sieben Heller“, „Das Goldstück“ oder „Die Wetterfahne“, weisen auf die Variationsbreite der liedhaften Lyrik Wedekinds. Handlungsbericht oder durchgehende Reflexion der lyrischen Helden – „Was fang ich mit den sieben Hellern an?“ – prägen den bestimmenden episierenden Tonfall, der auf bloßes Aussingen einer Stimmung, eines Gefühls verzichtet; dramatische Zuspitzungen fehlen nicht. Annäherungen an die

Mittel der Bänkelgesänge verwischen dennoch nicht den entscheidenden Klangunterschied: die Bänkelgesänge stellen einen sachlich beobachtenden Vortrager neben das Geschehen, der berichterstattende Dichter verhüllt auf weite Strecken bewußt seine Gedanken und Gefühle. Die Lieder sprechen sie aus.

Grundthema der Lieder ist die Liebe.

Ich liebe die Liebe, die ernste Kunst,
Urewige Wissenschaft ist,
Die Liebe, die heilige Himmelsgunst,
Die irdische Riesenkraft ist.

In der Liebe werden Wedekind Kopf und Brust frei, wachsen ihm Kraft, Elastizität, Geist zu, auch und gerade im Wechselspiel von Erniedrigung und Erhebung. Sein Haß auf die Bürgergesellschaft findet hier den weitesten und historisch bedeutungsvollsten Spielraum: der Moralist entlarvt die Verkehrung der Liebe in bürgerlich verlogene Haustier-Moral und in die Prostitution der bürgerlichen Ehe, er feiert die wahre „lebendige" Liebe als Kampffeld gegen diese Gesellschaft.

Denn die Konzentration auf das Thema „Liebe" weist nicht etwa nur eine „private" Veranlagung eines „Erotomanen" aus. Im Verfall, in der Unmöglichkeit der Liebe wird vielen Schriftstellern zwischen Neuromantik und Expressionismus die menschliche Vereinsamung, die Entfremdung im Kapitalismus vor allem bewußt. Nicht zufällig wird „Impotenz des Herzens" zu einer Grundformel auch des bürgerlichen Künstler-Themas, in dem sich allgemeine menschliche Erfahrungen zuspitzen. In der „Jagd nach Liebe", nach einem Du versuchen diese Schriftsteller menschliche Gemeinschaft schlechthin zu gewinnen. Von kritischen Realisten wie Heinrich Mann bis zu den Expressionisten, die „die Menschheit umarmen" wollen, weitet sich „die Liebe“ so zu einem überindividuellen, gesellschaftlichen Prinzip aus; „Liebe“ wird zu einem entscheidenden Thema der Gesellschaftskritik. Die allgemein bestimmende Entwicklungsformel „Durch Liebe zur Freiheit“ führt zu verschiedenen Lösungen; die fruchtbarste und realste findet, seit 1904, Heinrich Mann im Bekenntnis zur „Demokratie“, zur „Liebe“ und „Freiheit“ aller. Auch Wedekind begreift die Liebe als gesellschaftliches Problem, aber mit anderer Konsequenz. Er verteidigt in und mit der Liebe wohl „den Menschen“ gegen die Normen einer entarteten Welt, sein Wille zum „natürlichen“, „freien“ Leben sprengt aber nicht die Fesseln des Individualismus, entzieht sich auch nicht immer bloßem Sichausleben. In der Lyrik verdeckt der Gattungscharakter stärker als in den nach einem Gesellschaftsbild verlangenden Dramen diesen – auch durch das Nietzsche-Erlebnis geförderten – individualistischen Grundzug. So überzeugt in Wedekinds Lyrik nicht nur sein direkter Protest gegen die „normalen“ bürgerlichen Perversionen der Liebe. Sein kräftiges Lob der Sinne gab schon der zeitgenössischen Literatur einen wesentlichen Impuls, nicht zuletzt deshalb, weil es frei von künstlicher Überhitztheit war; es vermag auch heute noch zu gewinnen, wenn es, wie in „Die neue Communion“ oder „Mein Lieschen“, mit Leichtigkeit und nicht ohne Ironie vorgetragen wird. Wedekind scheitert erst dann, wenn er, wie in den späteren Dramen, die Liebe als „Wiedervereinigung von Heiligkeit und Schönheit“ konstruktiv in die Gesellschaft einführen will. Konstrukteur realer positiver Ziele und Wege gesellschaftlichen Lebens ist Wedekind nicht, er ist einer der großen Destrukteure der Jahrhundertwende.

Gerade diese positiv zu wertende antibürgerliche Destruktion hebt als eine dritte Gruppierung in der Lyrik Wedekinds die direkten politisch-moralischen Satiren hervor, die in den „Simplicissimus"-Gedichten ihren Höhepunkt finden. Sie erschienen vorwiegend von Juli 1897 bis Februar 1899, das letzte 1902, unter verschiedenen Decknamen – der berühmteste: Hieronymus Jobs – in Albert Langens Münchener Zeitschrift „Simplicissimus". Das im April 1896 in der antipreußischen Atmosphäre Süddeutschlands begründete einflußreichste satirische Massenblatt Vorkriegsdeutschlands vereinte die Auseinandersetzung fast aller bedeutenden zeitgenössischen Schriftsteller und bildenden Künstler mit dem Kaiserreich. Antimonarchistische, antimilitaristische und antinationalistische Tendenzen, oft mit unterschiedlichen Idealen verknüpft, prägten das politische Gesicht der Zeitschrift in den Jahren, da Wedekind ihr Beiträger war. Bereits im Gründungsjahr gehörte er mit fünfzehn älteren Gedichten, drei Erzählungen, sechs Interviews und Witzen zu vielen der Zeichnungen Th. Th. Heines, Thönys und Reznіceks zu den bestimmenden Mitarbeitern. 1897 holte dann Wedekind Kortums Schulmeister und Nachtwächter zum drittenmal aus dem Grabe. In den Jobs-Versen konnte er seiner grotesk-satirischen Begabung, seiner Freude am Witz und am Versteckspiel, auch seinem Geldbeutel etwas zugute tun. Eine ausgezeichnete Reklame: Zensurverbote, Vertriebsverbote auf den Berliner Bahnhöfen erhielten schon die ersten zwei „Simpl"-Nummern mit Jobsens Gedichten.

Bis auf „Im Heiligen Land", dessen veränderte Fassung „König David" auch als Lautenlied erschien, nahm Wedekind später diese Gedichte als künstlerisch unbedeutend nicht in seine Gesamtausgaben auf. Er behauptete sogar kurz nach seiner Flucht vor dem Majestätsbeleidigungsprozeß wegen der Gedichte über des Kaisers Palästinareise, daß jene gar nicht seine Überzeugungen ausdrückten. Diese überspitzte Aussage wird von der Verzweiflung mitbestimmt, seine Lebensexistenz als deutscher Dramatiker durch die Flucht nach Zürich, dann Paris, wiederum verspielt zu haben. Hatte er doch im August 1898 einen ersten Schritt als Dramaturg und Schauspieler an Stollbergs Münchener Schauspielhaus getan, stand er doch am Vorabend der Flucht, am 29. Oktober, in der ersten Münchener Aufführung des „Erdgeist" als Dr. Schön in einem „Getöse von Beifall und heulendem Widerspruch" auf der Bühne. Dennoch besitzt diese Aussage einen Kern innerer Wahrheit: der rebellische Bürgerschreck war kein politischer, sondern ein moralischer Kopf. Das inkonsequente, mißdeutbare Verhalten Frank Wedekinds während des von ihm abgelehnten ersten Weltkrieges, wo er sich nach geliebtem Vorbild als Wolf im Schafspelz zu drapieren glaubte, sein wölfisches Wesen aber weitgehend verschwand, bestätigt das noch für seine letzten Jahre.

In den früheren politischen „Simplicissimus"-Gedichten greift er politische Stichworte aus aller Munde auf: die „Ministerkrise" und die „Sammlungspolitik" des Jahres 1897, die Staatsstreichpläne und die Zensurverschärfungen, die Kämpfe um den Flottenbau und Wilhelms II. Orientreise, den spanisch-amerikanischen Krieg, die Eroberung Kiautschous und Bismarcks Tod. Aber diese Stichworte fügen sich nicht zu einer klaren politischen Anschauung, zu wirklichkeitsgerechten politischen Idealen und Parteinahmen zusammen. Zweifellos ist Wedekinds Antibürgerlichkeit von politischen Vorstellungen mitgetragen. Aus dem Elternhaus und dem ersten Schweizer Lebenskreis sind demokratische und republikanische Vorstellungen bewahrt; der „gute Europäer" enthüllt den alldeutschen Nationalismus als Vorwand des bürgerlichen „Untertans", gute Geschäfte zu machen, als den der Militär- und Diplomatenclique, ihre Macht zu erweitern; er verurteilt die „christlich“-kolonialistischen Metzger, die geschäftstüchtigen Kriegstreiber; er entlarvt als einer der ersten bürgerlichen Schriftsteller das Zusammenspiel von Zensur- , Polizei- und Justizapparat, die imperialistische Meinungsmache.

Aber die zeitgenössischen politischen Programme und Parteien vermag er nicht zu unterstützen, er vermag aus den Negationen keine positiv formulierbare politische Aktivität zu ziehen. Überall sieht er nur „Prügelei und politisches Geschrei, / Aber keinerlei Politik dabei“. Die gesamte Gesellschaft gilt ihm als versumpft, unlebendig, verkrämert, wert, daß „der ganze Kram“ „in die Binsen geht“. Selbst die Sozialisten haben ihre revolutionäre Tradition, die Wedekind in Lassalle verkörpert sieht, haben ihre eigene „sozialistische Politik“ „gründlich dick“. Das kontrastiert nur scheinbar mit seinem angeblichen Begreifen der weder durch „Militär, noch Richter, noch Polizeibüttel“ zu vernichtenden Sozialdemokraten in den ersten „Politischen Liedern“, in denen das frische satirische Vergnügen die Resignation des weglosen Außenseiters noch stärker verhüllt. Daß eine ganze Generation kritischer bürgerlicher Schriftsteller nicht die Funktion der Arbeiterklasse und Arbeiterbewegung erkennt, bildet den sozialen Grund dieser Resignationen. Der Kern der „Weltverbesserung“ des Hieronymus Jobs: „Herrscher sei der entfesselte souveräne Geist!“ spiegelt so das gesellschaftlich unverbindliche Preisen alles Kraftvoll-„Lebendigen“. Die starken Widersprüche in den politischen Anschauungen Wedekinds wurzeln gerade darin, daß dieser individualistische Moralist das „Lebendige“ als Maßstab setzt. So gelingt es ihm wie keinem der bürgerlichen Lyriker dieser Jahre, einen satirischen Zeitspiegel gegen die militaristisch-bürgerliche „Krämer“-Herrschaft zu entwerfen; sein Haß gegen das „Geld“ als alles beherrschendes „Weltprinzip“ hilft ihm, in Krupp, nicht nur in Wilhelm II., den Repräsentanten dieser Gesellschaft zu sehen und zur literarischen Analyse des sich formierenden Imperialismus beizutragen. Im Lied „Von der deutschen Flotte“ aber distanziert er sich nicht von der „lebendigen“ „Aufbruchs“-Propaganda der alldeutschen Flottenbewegung, die er als Anti-Philisterium, nicht aber als hervorragendes Werkzeug des doch abgelehnten Militarismus und imperialistischen Kolonialismus begreift. Die imperialistischen Vorstöße, die Okkupation Kiautschous („Siegeslied“) und Wilhelms II. Orient-„Mission“ machen allerdings auch „Hermann“, den „Befreier“ von der Fremdherrschaft der „Krämerseelen“, vorsichtiger; in „An Kunigunde“ korrigiert der belehrte „Hieronymus“ den Wedekind, der hinter dem heldischeren Befreier „Hermann“ steckt. Ansonsten aber vertreten beide Sprecher Wedekinds die gleichen Ansichten – nur in verschiedener Stillage. Und damit auch die gleichen Irrtümer. Der am meisten auftretende Pseudonymus, dieser sympathische „Hieronymus Jobs“, der da in bewußt unbeholfenen Knittelversen zupackend volkstümlich die Dinge beim Namen nennt, gibt sich so zwar nur voll Wedekindscher Schläue oft sehr naiv, meistens aber ist er es auch; unter den vielen edlen Narren-Rollen dieses Werkes hat er die politische.

Die Rolle des edlen Narren, des Don Quichotte, in seinen Dramen immer wieder gestaltet, war diesem Frank Wedekind tief vertraut, aus seinen werbenden Kämpfen um die Welt und um die Bretter, die für ihn, nach einem Wort seines Lieblingsdichters Schiller, die Welt bedeuteten. In einer anderen, in der Rolle des „Scharfrichters“, wurde er den Zeitgenossen zum Symbol. Das tiefere Sinnbild gab er jedoch, wenn er, an einem seiner fünfhundert Schauspielerabende, den Prolog zum „Erdgeist“ sprach. Sein ganzes

Wedekind und Gertrud Eysoldt im Prolog des „Erdgeistes“. Berlin 1903

Wesen und Werk, sich selbst stellte der in Selbstdarstellungen so Erfahrene dann der Welt vor.

Da tritt der Tier-Bändiger, kraftvoll, häßlich, brutal, vor das Zelt des Welt-Zirkus, im zinnoberroten Frack, Hetzpeitsche und Revolver in den Händen, verachtet und umwirbt sein Publikum, den Bürger. Ernsthaft preist er sich an, mit harter, trockener Stimme: „Das wahre Tier, das wilde, schöne Tier, das – meine Damen! – sehn Sie nur bei mir." Er liebkost die Schlange Lulu, seine Leidenschaft und Lebensqual: die Liebe. Er sagt dem Raubtier Publikum ein Schauspiel an, sich selbst: „Mein Schädel zwischen eines Raubtiers Zähnen ... Mein Leben setz ich gegen einen Witz." Werbend schießt er ins Publikum und spricht in den Schreck hinein, sachlich und zynisch seine Menschenwürde behauptend, einen seiner tief verschlagenen Sätze:

„Rings bebt die Kreatur; ich bleibe kalt –
Der Mensch bleibt kalt! – Sie ehrfurchtsvoll zu grüßen."

LAUTENLIEDER

Der blinde Knabe

Der blinde Knabe

Oh, ihr Tage meiner Kindheit,
Nun dahin auf immerdar,
Da die Seele noch in Blindheit,
Noch voll Licht das Auge war:
Meine Blicke ließ ich schweifen
Jedem frei ins Angesicht;
Glauben galt mir für Begreifen,
Und Gedanken kannt ich nicht.

Ich begann jedoch zu sinnen
Und zu grübeln hin und her,
Und in meiner Seele drinnen
Schwoll ein wildempörtes Meer.
Meine Blicke senkt ich nieder,
Schaute tief in mich hinein
Und erhob sie nimmer wieder
Zu dem goldnen Sonnenschein.

Mußt ich doch die Welt verachten,
Die mir Gottes Garten schien;
Denn die Guten läßt er schmachten –
Und die Bösen preisen ihn.
Freude, Lust und Ruh vergehen – –
Oh, wie wohl war einst dem Kind!
Meine *Seele* hat gesehen –
Meine *Augen* wurden blind.

Die neue Communion

Unterm Apfelbaum

Die neue Communion

Unterm Apfelbaum

Lieschen kletterte flink hinauf
Bis in die höchsten Äste,
Fing in der Schürze die Äpfel auf,
Ihrer Mutter zum Feste.

Ich lag unten, verliebt und faul,
Auf dem Rücken im Grase;
Mancher Apfel fiel mir ins Maul,
Mancher mir auf die Nase.

Jetzt stand Lieschen auf starkem Ast,
Schelmisch sah sie hernieder;
Ihres Leibes liebliche Last
Wiegte sich hin und wieder.

Innig umschlungen hielten sich
Splitternackt ihre Füße,
Öffneten sich und befühlten sich – –
Winkten mir tausend Grüße.

Durch das Röckchen sandte der Tag
Seine goldenen Strahlen,
Was darunter geborgen lag,
Farbenprächtig zu malen.

Schimmernd rings um die zarte Haut
Wob sich gedämpfte Helle;
Welcher Meister hätt je gebaut
Prächtiger eine Kapelle?

Das Gewölbe so luftig leicht,
Schlank und stolz die Pilaster.
Unter Flammenküssen erweicht
Lebender Alabaster.

Voller strömte das Licht herein,
Bunter bei jedem Schritte.
Ach, und flimmernder Heiligenschein
Floß um des Hauses Mitte!

Kindlich faltet ich da die Händ',
Betete fromm und brünstig:
„Du, mein heiligstes Sakrament,
Werde dem Sünder günstig!“

Laß mich's küssen in seinem Schrein,
Lieblichster Himmelsbote!
Laß mich nippen an deinem Wein,
Naschen von deinem Brote!

Sieh, und am nämlichen Abend schon,
Tief in die Kissen gebettet,
Ward in andächtiger Kommunion
Meine Seele gerettet.

Vignette von E. Pretorius zur „Lautenlieder"-Ausgabe von 1920

Die Ernährungsballade

Die Jahreszeiten

Die Ernährungsballade

Die Jahreszeiten

Genieße, was die Jahreszeit mit sich bringt:
Radieschen, Erdbeeren, grüne Erbsen und Pflaumen;
Was der Verändrung in Sonne und Luft entspringt,
Ist stets das Beste für deinen gebildeten Gaumen.

Radieschen knackt man, wenn man noch jung und keusch
Und sich noch die ersten Zähne nicht ausgebissen;
Die prallen Bäckchen zerbersten mit lautem Gekreisch,
Die Zunge schwelgt in unsäglichen Bitternissen.

Erdbeeren aus Wald und Garten, wie duften sie fein!
Die großen voll Saft, die kleinen sind mir noch lieber;
Ich mache sie trunken zuvor mit gezuckertem Wein,
Pechvögel nur erkranken am Nesselfieber.

Die grünen Erbsen brauch ich schon gar gekocht;
Die tolle Jugend allein frißt sie aus den Schoten.
Ich habe sie stets nur gepfeffert zu kosten vermocht,
Und neuerdings auch hat sie der Arzt mir verboten.

Die üppigen Pflaumen des Herbstes genieß ich fast nur
Als Mittel zum Zweck bei unbehaglicher Stauung
Im Unterleib statt Karlsbader Brunnenkur;
Es grölen die Därme im Chor den Gesang der Verdauung.

Noch manches wäre notwendig hier beigedruckt,
Wie Mammut-Trüffeln, die aus Thessalien stammen;
Doch hab ich den ganzen Hymnus schon vollgespuckt,
So läuft mir dabei das Wasser im Munde zusammen.

Der Taler

Lebhaft
Blitzt der Ta - ler im Son - nen - schein,
blitzt dem Kind in die Au-gen hin - ein, ü - ber die
p
Wan - gen rol-len die Trä-nen. Mut - ter zieht gar ein
ernst Ge-sicht: Vor_ dem Ta-ler, Schatz, fürchte dich
rit.
nicht; nach_dem Ta - ler sollst du dich sehnen.
D

Der Taler

Blitzt der Taler im Sonnenschein,
Blitzt dem Kind in die Augen hinein,
Über die Wangen rollen die Tränen.
Mutter zieht gar ein ernst Gesicht:
Vor dem Taler, Schatz, fürchte dich nicht;
Nach dem Taler sollst du dich sehnen.

Sieh, mein Herzblatt, auf Gottes Welt,
Für uns Menschen gibt's nichts ohne Geld,
Hätt ich dich, Herzblatt, auch nicht bekommen.
Bist noch so unschuldig, noch so klein,
Willst doch täglich gefüttert sein,
Hast es mir selbst aus der Tasche genommen.

Darfst nicht weinen, bist all mein Glück;
Gibst mir's tausendfältig zurück.
Sieh die goldene Sonne dort oben,
Brennt sie dir gleich deine Guckaugen wund,
Nährt und behütet den Erdenrund,
Daß alle Kreaturen sie loben.

Nach der Sonne in goldiger Pracht
Haben die Menschen ihr Geld gemacht;
Ohne das Geld muß man elend sterben.
Sonne ist Glück und Glück ist Geld;
Wem es nicht schon in die Wiege fällt,
Der muß es mühevoll sich erwerben.

Sieh, mein Herzblatt, den grünen Wald,
Drin der Vögel Gezwitscher erschallt;
Wie das so lieblich ist anzuschauen!

Hast du kein Geld für das morgige Brot,
Dir sind all die Vögelein tot,
Und der Wald ist ein schrecklich Grauen!

Geld ist Schönheit! Mit recht viel Geld
Nimmst du den Mann, der dir wohlgefällt,
Keinen häßlichen, keinen alten.
Sieh, der Reichen Hände, wie weiß!
Wissen nichts von Frost und von Schweiß!
Haben keine Schwielen noch Falten.

Bei uns Armen ist Eins mal schön,
Aber nur im Vorübergehn;
Morgen schon ist zerrupft sein Gefieder.
Oder die Schönheit wird ihm zum Geld:
Kommt es hinauf in die große Welt,
Steigt es nicht leicht mehr zu uns hernieder.

Kind, hab acht auf wahren Gewinn:
Geld ist Freiheit, ist Edelsinn,
Menschenwürde und Seelenfrieden.
Alles kehrt sich zum goldenen Licht,
Warum sollen wir Menschen es nicht?
Dir, mein Kind, sei das Glück beschieden.

Der Scharfrichter Marc Henry
(Karikatur von C. Hollitzer)

Galathea

* Vom Dichter zwei Oktaven tiefer gesungen als notiert.

Galathea

Oh, wie brenn ich vor Verlangen,
Galathea, schönes Kind,
Dir zu küssen deine Wangen,
Weil sie so verlockend sind.

Daß ich auch die Gnade fände,
Galathea, schönes Kind,
Dir zu küssen deine Hände,
Weil sie so verlockend sind.

Und was tät ich nicht, du süße
Galathea, schönes Kind,
Dir zu küssen deine Füße,
Weil sie so verlockend sind.

Und mich treibt der Pulse Stocken,
Galathea, schönes Kind,
Dir zu küssen deine Locken,
Weil sie so verlockend sind.

Aber deinen Mund enthülle,
Mädchen, meinen Küssen nie,
Denn in seiner Reize Fülle
Küßt ihn nur die Phantasie.

Von vorn besehn

Meiner entzückenden Kollegin Mary I.

Von vorn besehn

Meiner entzückenden Kollegin Mary I.

Von vorn besehn bist du die schönste Maid,
Die je mein Herz aus Liebesnot befreit,
Doch, wenn du halb nur dich zur Seite kehrst,
Dann dünkt mich schon, daß du ein Knabe wärst.
Drum bleib ich wie dem Glücksrad stets dir nah,
Du – Venus duplex Amathusia!

Ilse

Ziemlich langsam
Ich war ein Kind von fünf-zehn
Jah - ren, ein rei-nes un-schulds-vol - les
Kind, als ich zum er - sten-mal er-
fah - ren, wie süß der Lie-be Freu-den sind

Ilse

Ich war ein Kind von fünfzehn Jahren,
Ein reines, unschuldsvolles Kind,
Als ich zum erstenmal erfahren,
Wie süß der Liebe Freuden sind.

Er nahm mich um den Leib und lachte
Und flüsterte: „Oh, welch ein Glück!"
Und dabei bog er sachte, sachte
Den Kopf mir auf den Pfühl zurück.

Seit jenem Tag lieb ich sie alle,
Des Lebens schönster Lenz ist mein;
Und wenn ich keinem mehr gefalle,
Dann will ich gern begraben sein.

Mein Lieschen

Mein Lieschen

Mein Lieschen trägt keine Hosen
Schon seit dem ersten April,
Weil sie von der grenzenlosen
Hitze nicht leiden will.

Das gibt mir manches zu denken,
So dacht ich auch schon daran,
Ihr ein Paar Hosen zu schenken
Aus duftigstem Tarlatan.

Wie leicht kann sie sich beim Hupfen
Erkälten, eh sie's gedacht;
Und bleibt ihr auch nichts als ein Schnupfen,
Man nimmt sich doch lieber in acht.

Wendla

Lebhaft
f
Sieh die tau - fri - sche Maid, erst
e - ben er - blüht; durch ihr knapp - kur - zes
Kleid der Mor - gen - wind zieht.

Wendla

Sieh die taufrische Maid,
Erst eben erblüht;
Durch ihr knappkurzes Kleid
Der Morgenwind zieht.

Wie schreitet sie rüstig,
Jubiliert und frohlockt,
Und ahnt nicht, wer listig
Unterm Taxusbusch hockt.

Der allerfrechste Weidmann
Im ganzen Revier,
Er tut ihr ein Leid an
In frevler Jagdbegier.

In einem langen Kleide
Geht sie nun bald einher,
Sinnt vergangener Zeiten
Und jubelt nicht mehr.

Konfession

Energisch
Freudig schwör ich es mit jedem Schwu-re vor der
All-macht, die mich züch-ti-gen kann: Wie-viel
lieber wär ich ei-ne Hure als an Ruhm und Glück der reichste
Mann! Welt, in mir ging dir ein Weib ver-lo-ren, ab-ge-
klärt und je-der Hemmung bar. Wer war für den Liebes-markt ge-
bo-ren, so wie ich da-für ge-bo-ren war?

Konfession

Freudig schwör ich es mit jedem Schwure
Vor der Allmacht, die mich züchtigen kann:
Wieviel lieber wär ich eine Hure
Als an Ruhm und Glück der reichste Mann!

Welt, in mir ging dir ein Weib verloren,
Abgeklärt und jeder Hemmung bar.
Wer war für den Liebesmarkt geboren,
So wie ich dafür geboren war?

Lebt ich nicht der Liebe treu ergeben,
Wie es andre ihrem Handwerk sind?
Liebt ich nur ein einzig Mal im Leben
Irgendein bestimmtes Menschenkind?

Lieben? -- Nein, das bringt kein Glück auf Erden.
Lieben bringt Entwürdigung und Neid.
Heiß und oft und stark geliebt zu werden,
Das heißt Leben, das ist Seligkeit!

Oder sollte Schamgefühl mich hindern,
Wenn sich erste Jugendkraft verliert,
Jeden noch so seltnen Schmerz zu lindern,
Den verwegne Phantasie gebiert?

Schamgefühl? -- Ich hab es oft empfunden;
Schamgefühl nach mancher edlen Tat;
Schamgefühl vor Klagen und vor Wunden;
Scham, wenn endlich sich Belohnung naht.

Aber Schamgefühl des Körpers wegen,
Der mit Wonnen überreich begabt?
Solch ein Undank hat mir fern gelegen,
Seit mich einst der erste Kuß gelabt!

Und ein Leib, vom Scheitel bis zur Sohle
Allerwärts als Hochgenuß begehrt ...
Welchem reinern, köstlichern Idole
Nachzustreben, ist dies Dasein wert?

Wenn der Kniee leiseste Bewegung
Krafterzeugend wirkt wie Feuersglut,
Und die Kraft aus wonniger Erregung
Sich zu überbieten nicht mehr ruht;

Immer unverwüstlicher und süßer,
Immer klarer im Genuß geschaut,
Daß es statt vor Ohnmacht dem Genießer
Nur vor seiner Riesenstärke graut ...

Welt, wenn ich von solchem Zauber träume,
Dann zerstiebt zu Nichts, was ich getan;
Dann preis ich das Dasein, und ich bäume
Zu den Sternen mich vor Größenwahn! – – –

Unrecht wär's, wollt ich der Welt verhehlen,
Was mein Innerstes so wild entflammt,
Denn vom Beifall vieler braver Seelen
Frag ich mich umsonst, woraus er stammt.

„Frühlings Erwachen“,
Frank Wedekind
(Karikatur von Blix)

Vergänglichkeit

Vergänglichkeit

Streck deine Beine, mein hübscher Genoß;
Deine schwarzen Strümpfe aus Fil d'Ecosse
Reichen dir weit bis über die Kniee,
Wenn ich sie dir nicht noch höher ziehe.

Sie sind das Verfänglichste wohl an dir,
Deine schwarzen Strümpfe; ich sterbe dafür.
Hell schimmert die Haut durch die weiten Maschen,
Man möchte von außen schon daran naschen.

Dabei legst du deine Füße so friedlich
Übereinander, die blanken Lackschuhe appetitlich
Gestreckt – die Seligkeit, sie dir zu binden,
Kann im Himmel nicht ihresgleichen finden.

Dein schwarzer Lockenkopf, deine blassen Wangen,
Dein splitternackter Mund, deine bangen,
Tief schwarzen Augen sind eine Pracht,
Doch haben nicht sie mich verrückt gemacht.

Deine Unwiderstehlichkeit liegt in den Beinen,
Seh ich dich kommen, so möcht ich weinen.
Du hebst die Kniee in einem Takt,
Der würgend mich an der Kehle packt.

Ich will dir zum ewigen Angedenken
Ein paar Strumpfbänder in zartem Lila schenken,
Mit goldenem Wappen, denn du bist in der Tat
Ein Mädchen und ein junger Aristokrat.

schwar - zen Strümpfe, ich ster-be da - für. Hell schimmert die
nack - ter Mund, dei - ne ban - gen, tief-schwarzen
Haut durch die wei - ten Ma - schen, man möch-te von
Au - gen sind ei-ne Pracht, doch ha-ben nicht
1. 2.
au-ßen schon dar - an na - schen. Deine
sie mich verrückt ge-macht.
Un-wi-der-stehlichkeit liegt in den Bei - nen. Seh ich dich kommen, so
möcht ich wei-nen. Du hebst die Kni - e in einem Takt,
der würgend mich an der Keh - le packt.

Ein Knabe, der in seiner Anmut nicht leidet,
Wenn er sich zuweilen als Mädchen verkleidet;
Aber deine Mutter sagt mir, du seist
Durchdrungen von ritterlichem Geist.

Du bestehest mit Glanz die schwierigsten Examen
Und schwärmest auch schon für die allerreizendsten
Damen.
Niemand glaubt mir in dieser Welt,
Wie mir das an dir, mein Schützling, gefällt.

Noch bist du Cherub. Wenige Wochen,
Dann ist wohl die Knospe schon aufgebrochen;
Dann blickst du mit grimmem Schauder auf mich,
Der dir so zärtlich die Locken strich.

Wie schade, daß alles Schöne vergeht!
Auch deine Hoheit. Die Pubertät
Macht dich den übrigen Flegeln ähnlich.
Der Duft ist hin, und du wirst gewöhnlich.

Das arme Mädchen

Das arme Mädchen

Böt mir einer, was er wollte,
Weil ich arm und blond bin,
Nie, und wenn ich sterben sollte,
Gäb ich meine Ehre hin!
Schaudernd eilt das Mädchen weiter,
Ohne Obdach, ohne Brot,
Das Entsetzen ihr Begleiter,
Ihre Zuversicht der Tod.

  Es klappert in den Laternen
  Des Winters eisig Wehn,
  Am Himmel ist von den Sternen
  Kein einziger zu sehn.

Wie sie nun noch eine Strecke
Weiter irrt, sieht sie von fern
An der nächsten Straßenecke
Einen ernsten, jungen Herrn.
Ihm zu Füßen auf die Steine
Bricht sie ohne einen Laut,
Hält umklammert seine Beine,
Und der Herr verwundert schaut:

  „Wenn dich die Menschen verlassen,
  Komm auf mein Zimmer zu mir;
  Jetzt tobt in allen Gassen
  Nur wilde Begier."

Und sie folgte seinen Schritten,
Hielt sich schüchtern hinter ihm;

gleiter, ih - re Zu - ver - sicht der Tod. Es
klappert in den La - ter - nen des Win - ters
ei - sig Wehn, am Himmel ist von den
Ster - nen kein ein - zi - ger zu sehn.
D

Jener hat es auch gelitten,
Wurde weiter nicht intim.
Angelangt auf seinem Zimmer
Zündet er die Lampe an,
Bei des Lichtes mildem Schimmer
Bald sich ein Gespräch entspann:

„Es boten mir wohl viele
Ein Obdach für die Nacht,
Doch hatten sie zum Ziele,
Was mich erschaudern macht."

„Ferne sei mir das Verlangen",
Sprach der ernste, junge Mann,
„Dir zu färben deine Wangen,
Wenn ich's nicht durch Güte kann."
Bat sie, länger nicht zu weinen,
Holte Wurst und kochte Tee,
Und am Morgen zog er einen
Taler aus dem Portemonnaie.

Sie hat ihn bescheiden genommen
Und fand, eh der Tag vorbei,
Als Plätterin Unterkommen
In einer Wäscherei.

Aber ach, die Tage gingen
Und die Nächte freudlos hin.
Bluteswallungen umfingen
Ihren frommen Kindersinn.
Immer mußt sie sein gedenken,
Der so freundlich zu ihr war,
Immer mußt den Kopf sie senken
In der muntern Mädchenschar.

Und eines Abends um neune
Hielt sie's nicht aus,
Lief ganz alleine
Nach seinem Haus.

Er war noch nicht heimgekommen,
Sie verkroch sich unters Bett,
Bis sie seinen Schritt vernommen,
Wo sie gern gejubelt hätt.
Doch sie hielt sich still da unten,
Bis er sich zu Bett gelegt
Und den süßen Schlaf gefunden,
Dann erst hat sie sich geregt.

Leise wie eine Elfe
Schlupft sie zu ihm hinein:
„Daß Gott mir helfe – –
Ich bin dein."

Doch da hat er sich erhoben,
Wußte erst nicht, was geschah,
Hat die Kissen vorgeschoben,
Als das Kind er nackend sah:
„Nein, jetzt will ich dich nicht haben;
Wohl dir, daß du mir vertraut!
Aber spare deine Gaben,
Denn schon morgen bist du Braut!"

Er führte binnen acht Tagen
Sie wirklich zum Altar.
Es läßt sich gar nicht sagen,
Wie glücklich sie war.

Vignette von E. Pretorius
zur „Lautenlieder“-Ausgabe
von 1920

An einen Jüngling

An einen Jüngling

Jüngling, laß dich nicht gelüsten
Nach des Paradieses Äpfeln;
Von den straffsten Mädchenbrüsten
Wird dir nichts als Kummer tröpfeln.

Wagst du dich heran und findst du
Lust an diesen weißen Teufeln,
Armer Freund, wie bald beginnst du
Selbst von Traurigkeit zu träufeln!

Just die Kühnsten, Elegantsten
Werden früh zu müden Krüppeln,
Und die einst am flottsten tanzten,
Müssen lahm zur Grube trippeln.

Der Tantenmörder

Der Tantenmörder

Ich hab meine Tante geschlachtet,
Meine Tante war alt und schwach;
Ich hatte bei ihr übernachtet
Und grub in den Kisten-Kasten nach.

Da fand ich goldene Haufen,
Fand auch an Papieren gar viel
Und hörte die alte Tante schnaufen
Ohn Mitleid und Zartgefühl.

Was nutzt es, daß sie sich noch härme! –
Nacht war es rings um mich her –
Ich stieß ihr den Dolch in die Därme,
Die Tante schnaufte nicht mehr.

Das Geld war schwer zu tragen,
Viel schwerer die Tante noch.
Ich faßte sie bebend am Kragen
Und stieß sie ins tiefe Kellerloch. –

Ich hab meine Tante geschlachtet,
Meine Tante war alt und schwach;
Ihr aber, o Richter, ihr trachtet
Meiner blühenden Jugend-Jugend nach.

Ahasver

Sommer 1898

Ahasver

Sommer 1898

Ich, der alte *Ahasver,*
Habe große Eile,
Zu verscheuchen wünscht ich sehr
Ewig lange Weile:
Lenke wieder meine Bahn,
Endlos mir beschieden,
Nach dem alten Kanaan,
Das ich lang gemieden.

Mir ist in der Ferne die Kunde geworden,
Es käme gezogen ein Herrscher von Norden,
Da setzt es vielleicht auch für mich einen Orden.

Rückwärts schweift mein Auge matt,
Reuevoll umdustert,
Nach der alten Judenstadt,
Drin ich einst geschustert,
Derart, daß mich heute noch
Gottes Welt verachtet,
Weil ich nicht den Braten roch,
Eh das Lamm geschlachtet!

Wär jener gekommen, wie dieser kommt heute,
Mit stolzem Gepränge und großem Geleite,
Ich wäre moralisch gegangen nicht pleite!

Jener ritt die Eselin,
Dieser den Trakehner,
Ehr und Glück trägt dieser hin
Und sein Leben jener.

nach dem al - ten Ka - na - an, daß ich lang ge -
Langsamer
mie - den. Mir ist in der Fer - ne die
Kun-de ge - worden, es kä - me ge - zo - gen ein Herrscher von
rit.
Norden, da setzt es viel-leicht auch für mich ei - nen Orden.

Durch der Rede reiches Wort
Einzig sind die beiden,
Und ihr Ziehn von Ort zu Ort
Nicht zu unterscheiden.

Was aber hilft tief mir im Busen die Reue?
Versagt ich denn jemals dem Herrscher die Treue?! –
Am Ende ereilt mich mein Unglück aufs neue!

Kam doch auch zu jener Zeit
Unter Kriegerscharen
In verbrämtem Purpurkleid
Einer angefahren! – –
Wenn der andre nun auch jetzt
Beim Erlöserwerke
Sich vor meine Türe setzt,
Ohne daß ich's merke?!

Von ihm stand kein Wort in der Zeitung geschrieben,
Ich hätt ihn ja sonst von der Bank nicht vertrieben!
Und darin ist alles beim alten geblieben. –

Ja, wir Menschen stolpern blind
Durch des Lebens Enge.
Oft ist leer wie Schall und Wind
Größtes Festgepränge.
Irrt man ehrfuchtsvollen Blicks,
Ehr und Macht zu suchen,
Kommt der Mächt'ge hinterrücks,
Einen zu verfluchen! –

Es wechseln nicht nur an der Börse die Größen! –
Nichts bleibt uns, inmitten von Püffen und Stößen,
Als ununterbrochen das Haupt zu entblößen.

Die sieben Heller

Die sieben Heller

Großer Gott im Himmel! Sieben
Heller sind mir noch geblieben!
Was nur fang ich armer Mann
Mit den sieben Hellern an?

Tod und Teufel! Wären's zwanzig
Tanzte gleich noch einen Tanz ich
Auf der Bühne, buntbemalt,
Wo man zwanzig Heller zahlt!

Wären's fünfzehn! – Einen Teller
Wurst kauft man für fünfzehn Heller.
Hungrig bin ich sowieso;
Eine Wurst macht lebensfroh.

Ach, und wären's auch nur zehne!
Ein Schluck Bier, den ich ersehne,
Ist er gleich ein wenig klein,
Muß für zehne käuflich sein.

Aber sieben, sieben ganze
Rote Heller, nicht zu Tanze,
Nicht zu Wurst und nicht zu Bier,
Gar zu nichts verwendbar mir – !

Lehr mich du, o Fürst der Hölle,
Was tätst du an meiner Stelle,
Wenn im Beutel du zuletzt
Nur noch sieben Heller hättst? – –

Alsbald zieht der große Weise
Seine düstren Zauberkreise,
Spuckt nach rechts und links und spricht:
„Hör mich an, du armer Wicht!

Kommt bei Wettersturm und Regen
Dir ein Bettelkind entgegen,
Schwarz von Auge, schwarz von Haar,
Busen im Entwicklungsjahr,

Wirf ihr deine sieben Heller
In des Hemdes losen Göller,
Sag ihr, sie sei engelschön,
Schweig und heiß sie weitergehn!

Du hast Freude, sie hat Freude,
Freuen werdet ihr euch beide;
Meine Freude hab auch ich,
Segne und belohne dich!"

Frank Wedekind
(Karikatur von Olaf Gulbransson)

Die Wetterfahne

Die Wetterfahne

Du auf deinem höchsten Dach.
Ich in nächster Nähe;
Doch die wahre Liebe, ach,
Schwankt in solcher Höhe.
Du in deinem Herzen leer,
Ich in blindem Wahne –
Dreh dich hin, dreh dich her,
Schöne Wetterfahne!

Unterhaltend pfeift der Wind,
Saust uns um die Ohren;
Von des Himmels Freuden sind
Keine noch verloren!
Glaubst du, daß verliebt ich bin.
Weil ich dich ermahne?
Dreh dich her, dreh dich hin,
Schöne Wetterfahne!

Drehn wir uns auf hohem Turm
Immer frisch und munter!
Ach, der erste Wintersturm
Schleudert dich hinunter.
Wenn dann auch verflogen wär,
Was ich jetzt noch ahne ...
Dreh dich hin, dreh dich her,
Schöne Wetterfahne!

Der Zoologe von Berlin

Der Zoologe von Berlin

Hört, ihr Kinder, wie es jüngst ergangen
Einem Zoologen in Berlin!
Plötzlich führt ein Schutzmann ihn gefangen
Vor den Untersuchungsrichter hin.
Dieser tritt ihm kräftig auf die Zehen,
Nimmt ihn hochnotpeinlich ins Gebet
Und empfiehlt ihm, schlankweg zu gestehen,
Daß beleidigt er die Majestät.

Dieser sprach: „Herr Richter, ungeheuer
Ist die Schuld, die man mir unterlegt;
Denn, daß eine Kuh ein Wiederkäuer,
Hat noch nirgends Ärgernis erregt.
So weit ist die Wissenschaft gediehen,
Daß es längst in Kinderbüchern steht.
Wenn *Sie* das auf Majestät beziehen,
Dann beleidigen *Sie* die Majestät!

Vor der Majestät, das kann ich schwören,
Hegt ich stets den schuldigsten Respekt;
Ja, es freut mich oft sogar zu hören,
Wenn man den Beleidiger entdeckt;
Denn dann wird die Majestät erst sehen,
Ob sie majestätisch nach Gebühr.
Deshalb ist ein Mops, das bleibt bestehen,
Zweifelsohne doch ein Säugetier.

Ebenso hab vor den Staatsgewalten
Ich mich vorschriftsmäßig stets geduckt,
Auf Kommando oft das Maul gehalten
Und vor Anarchisten ausgespuckt.

nimmt ihn hoch - not - peinlich ins Ge - bet
und emp - fiehlt ihm, schlank-weg zu ge - ste - hen,
daß be - lei - digt er die Ma - je - stät.

Auch wo Spitzel horchen in Vereinen,
Sprach ich immer harmlos, wie ein Kind.
Aber deshalb kann ich von den Schweinen
Doch nicht sagen, daß es Menschen sind.

Viel Respekt hab ich vor dir, o Richter,
Unbegrenzten menschlichen Respekt!
Läßt du doch die ärgsten Bösewichter
In Berlin gewöhnlich unentdeckt.
Doch wenn hochzurufen ich mich sehne
Von dem Schwarzwald bis nach Kiautschau,
Bleibt deshalb gestreift nicht die Hyäne?
Nicht ein schönes Federvieh der Pfau?"

Also war das Wort des Zoologen,
Doch dann sprach der hohe Staatsanwalt;
Und nachdem man alles wohl erwogen,
Ward der Mann zu einem Jahr verknallt.
Deshalb vor Zoologie-Studieren
Hüte sich ein jeder, wenn er jung;
Denn es schlummert in den meisten Tieren
Eine Majestätsbeleidigung.

Stille Befürchtung

Stille Befürchtung

Seit ich dir mein ganzes Herz entladen,
Peinigt mich geheimnisvolles Weh:
Morgens drängt's mich seltsam, mich zu baden;
Abends treibt's mich mächtig ins Kaffee.

Nachts umgaukeln mich verrückte Träume,
Daß die Seele bang um Hilfe schreit;
Eng bedrücken mich des Himmels Räume,
Die Gewänder werden mir zu weit.

Vor den Augen schwirrt ein schwarzer Falter –
Sprich, o sprich, wie soll ich das verstehen?
's ist ein heimlich zartes Knospenalter;
Doch nicht Liebe scheint mir aufzugehen.

Der Anarchist

Der Anarchist

Reicht mir in der Todesstunde
Nicht in Gnaden den Pokal!
Von des Weibes heißem Munde
Laßt mich trinken noch einmal!

Mögt ihr sinnlos euch berauschen,
Wenn mein Blut zerrinnt im Sand.
Meinen Kuß mag sie nicht tauschen,
Nicht für Brot aus Henkershand.

Einen Sohn wird sie gebären,
Dem mein Kreuz im Herzen steht,
Der für seiner Mutter Zähren
Eurer Kinder Häupter mäht.

Felix und Galathea

* Felix singt seine Strophen in C, Galathea ihre in G, letzte Strophe beide zusammen in C.

Felix und Galathea

Felix

In dem wundervollen Morgensonnenschein,
Galathea, ach wie bist du hold!
Deine Schwanenbrust erstrahlt wie Elfenbein,
Deine Locken schimmern wie das Gold!
Freudig darf ich deinen Leib umschlungen halten!
Auf den Knieen einen strammen Jungen halten!
Und in deinen Marmorarmen selig sein,
Ohne daß uns drob der Himmel grollt.

Galathea

In der wundervollen, frischen Morgenluft
Hab ich meinen Felix innig lieb.
Aus den Wiesen strömt ein holder Blumenduft.
Und bisweilen macht ein Vogel „piep".
Wolln wir uns nicht unter eine Hecke strecken
Und zur Unterhaltung eine Schnecke necken?
Bis zu neuen Taten uns der Kuckuck ruft,
Wenn zu tun uns noch was übrig blieb.

Felix

Und der wundervolle Morgensonnenglanz,
Galathea, macht dich doppelt süß!
Dir zu Häupten fliegt ein bunter Schwalbenschwanz,
Und ein Brummer fliegt dir um die Füß.
Und ich darf dir deine goldnen Locken küssen,
Ohne daß wir in der Stube hocken müssen.
Deine Gegenwart genieß ich voll und ganz,
Die Vergangenheit erscheint mir mies.

Galathea
grollt!
In der wun-der - vol - len fri-ſchen
Wie-ſen ſtrömt ein hol-der
Mor - gen - luft hab ich mei - nen Fe - lix in - nig
Blu - men - duft, und biſ - wei - len macht ein Vo - gel
1.
2.
lieb. Auſ den „piep".
Wolln wir unſ nicht un-ter ei-ne
Hek - ke ſtrek-ken und zur Un - ter - hal - tung ei - ne
Schnek - ke nek - ken? Biſ zu neu - en ta - ten unſ der
Kuckuck ruft, wenn zu tun unſ noch waſ üb-rig blieb.

Galathea

In dem wundervollen frischen Morgenhauch
Kommst du, Felix, wie ein junger Gott.
Deine Lippen atmen keinen Tabaksrauch,
Deine Beine hebst du flink und flott.
Willst du nicht nochmal nach deiner Flöte greifen
Und ein hübsches Liebeslied von Goethe pfeifen?
Das bleibt doch in Ewigkeit der schönste Brauch,
Leugnen kann es nur ein Hottentott.

Felix und Galathea

Und so sagen wir denn bis zum nächsten Jahr
Euch, ihr lieben Freunde, gute Nacht,
Hoffend, daß es kein zu großer Blödsinn war;
Uns, auf jeden Fall, hat's Spaß gemacht.
Deshalb wolln wir auch nur recht viel Leute haben,
Die an Kunstgenüssen sich wie heute laben.
Dann gedeihen alle Künste wunderbar,
Bis der Weltenbau zusammenkracht.

Franziskas Abendlied

Franziskas Abendlied

Weiß die Mutter doch so gut,
Wann die Äpfel reifen,
Und ihr eigen Fleisch und Blut
Will sie nicht begreifen!

Wenn ich nicht so trostlos wär,
Ging's mir wohl um Treue;
Kommt das Glück von ungefähr,
Folgt ihm keine Reue.

Seht euch nur dies Leben an,
Hühner, Enten, Gänse –
Drüben schwingt der Schnittersmann
Schon die blanke Sense.

Baut ich auf den lieben Gott,
Baut auf meine Karten,
Ward bei beiden mir zum Spott,
Lernte fleißig warten!

Zwanzig Sommer sind vorbei,
Armes, kurzes Leben –
Hast nun einen süßen Mai
Heimlich doch gegeben!

Ist die Nacht nicht gar so still,
Stiller wird's am Tage;
Weiß man einmal, was man will,
Scheut man keine Plage.

Mütterchen zergrübelt sich,
Streicht die weißen Haare,
Träumt so mancherlei für mich,
Träumt sich nicht das Wahre.

Schrecklich ist die Einsamkeit
Nur auf Gottes Erden.
Schön ist auch ein Glück zu zweit,
Will's zu dritt nicht werden.

Kommen viele Jahre noch,
Langes, kaltes Sterben;
Durft ein einzig Mal ich doch
Um mein Schicksal werben!

Not und Schande, Angst und Pein,
Alles will ich tragen,
Wird es nur kein *Mägdelein,*
Will ich gar nicht klagen.

Die Chansonette Yvette Guilbert
(Lithographie von Toulouse-Lautrec)

Marasmus

Etwas bewegt
Nicht ein-mal ein Ge-dicht ge-lingt mir
mehr, ge-schweige denn ein Mensch. Mein Hirn ist
leer, und mei-ne Ein-ge-wei-de sind so
trocken, daß meine Dünste kei-ne Kuh mehr locken.

Ich leide an

Marasmus

Nicht einmal ein Gedicht gelingt mir mehr,
Geschweige denn ein Mensch. Mein Hirn ist leer,
Und meine Eingeweide sind so trocken,
Daß meine Dünste keine Kuh mehr locken.

's ist leichter einen Menschen machen als
Ein Klappenhorn; der Mensch braucht jedenfalls
Weit wen'ger Zeit, damit er richtig sitze;
Jedoch erheischt ein Klapphornvers mehr Grütze.

Ein Seitenblick, des Bettes Planke kracht,
Das Weib seufzt auf, dann ist ein Mensch gemacht.
Um ein Gedicht auch kindlich nur zu stammeln,
Muß man oft stundenlang mit Muse rammeln.

Was besser ist? – – Die Antwort wird mir schwer.
Ich mache weder Kind noch Klapphorn mehr.
Verzweifelt schlepp ich meines Lebens Bürde –
Es fehlte nur noch, daß ich schwanger würde.

Der Symbolist

Der Symbolist

Eine mondbestrahlte, blasse Hand
Wand sich nachts aus seinen weißen Decken,
Daß, gelähmt in stummem, starrem Schrecken,
Er nur mühsam sich hinweggewandt.

Jene blasse, mondbestrahlte Hand
Kehrte manchmal wieder – und im Weichen
Schrieb sie sich in geisterhaften Zeichen
In sein schreckensbleiches Nachtgewand.

Die Symbolistin

Die Symbolistin

Dein Auge brennt, dein Atem fliegt,
Blaß bist du wie der Tod;
Und frag ich dich, woran das liegt,
Du wirst wie Blut so rot.

Dein Auge senkt sich grambesiegt,
Die Wimper glitzert naß;
Und frag ich dich, woran das liegt,
Du wirst wie Marmor blaß.

König David

Marschtempo
Der Kö - nig Da - vid steigt aus sei - nem
Gra - be, greift in die Sai - ten, schlägt die Au - gen
ein und dankt dem Herrn, daß er die Eh - re
lia - be, dem Herrn der Herr - scher ei - nen Psalm zu
weihn. Wie einst in A - bi - sags von Su - nem
f

König David

Der König David steigt aus seinem Grabe,
Greift in die Saiten, schlägt die Augen ein
Und dankt dem Herrn, daß er die Ehre habe,
Dem Herrn der Herrscher einen Psalm zu weihn.
Wie einst in Abisags von Sunem Tagen
Hört man ihn wiederum die Harfe schlagen,
Indes sein hehres Preis- und Siegeslied
Wie Sturmesbrausen nach dem Meere zieht.

Willkommen, Fürst, in Palästinas Grenzen,
Willkommen mit dem holden Ehgemahl,
Mit Geistlichkeit, Lakaien, Exzellenzen
Und Polizeibeamten ohne Zahl.
Es freuen rings sich die historischen Orte
Seit vielen Wochen schon auf deine Worte,
Und es vergrößert ihre Sehnsuchtspein
Der heiße Wunsch, photographiert zu sein.

Ist deine Herrschaft denn nicht auch so weise,
Daß du dein Land getrost verlassen kannst?
Nicht jeder Kaiser wagt sich auf die Reise
Ins alte Kanaan. Du aber fandst,
Du seist zu Hause momentan entbehrlich;
Und darin täuscht sich deine Weisheit schwerlich;
Denn wer sein Land so klug wie du regiert,
Weiß immer schon im voraus, was passiert.

Es wird die rote Internationale,
Die einst so frech und ungebärdig war,
Verbrüdern sich auf frohem Liebesmahle
Mit der Agrarier sanftgemuten Schar.

Ta - gen hört man ihm wie - der - um die Har - fe
schla - gen, in - des sein heh - res Preis - und Sie - ges -
lied wie Sturmes - brau - sen nach dem Mee - re zieht.

Frankreich heißt seinen Dreyfus stolz willkommen,
Als wär auch er zum Heil'gen Land geschwommen.
Und gern verschiebt aus Rücksicht auf den Staat
Der Anarchist sein nächstes Attentat.

Drum sei uns denn noch einmal hoch willkommen
Und laß dir unsre tiefste Ehrfurcht weihn,
Der du die Schmach vom Heil'gen Land genommen,
Von dir hisher noch nicht besucht zu sein.
Mit Stolz erfüllst du Millionen Christen.
Wie wird von nun an Golgatha sich brüsten,
Das einst vernahm das letzte Wort vom Kreuz
Und heute nun das erste deinerseits.

Der Menschheit Durst nach Taten läßt sich stillen,
Doch nach Bewundrung ist ihr Durst enorm.
Der du ihr beide Wünsche zu erfüllen
Verstehst, sei's in der Tropenuniform,
Sei es in Seemannstracht, im Purpurkleide,
Im Rokokokostüm aus starrer Seide,
Sei es im Jagdrock oder Sportgewand,
Willkommen, teurer Fürst, im Heil'gen Land!

Diplomaten

Marschtempo
Heut ver - scho - nen die Ka -
no - nen die Lei - chen in der Gruft nicht mehr. Ja -
wohl, die Zeit ist schwer. Sag an, wie nennen sich die
Herrn, die uns das ta - ten? Di - plo - ma - ten!
Schwaches Herz und küh-ne Stirn, großes Maul und klei-nes Hirn!

Diplomaten

Heut verschonen
Dic Kanonen
Die Leichen in der Gruft nicht mehr.
Jawohl, die Zeit ist schwer!
Sag an, wie nennen sich
Die Herrn, die uns das taten?
Diplomaten!
Schwaches Herz und kühne Stirn,
Großes Maul und kleines Hirn!
Wie ein Nadelöhr, so eng
Der Gesichtskreis –
Schnedderedeng!

Tut sich friedlich
Wer nur gütlich,
Schrein sie die Kriegserklärung schon
Ihm zu durchs Telefon.
Die Völker stürzen sich
Dann in die Bajonette
Um die Wette.
Hinten wird mit Tod bedroht,
Was nicht stracks von vorne tot,
Daß, was irgend übrig bleibt,
Kurzerhand sich selbst entleibt.

Alle Serben
Müssen sterben!
So hat's zu ihrem Sündensold
Der liebe Gott gewollt.
Wir haun sie, ohne daß

Uns England übermanne,
In die Pfanne!
Ganz besonders zu verhaun
Sind die bösen Serbenfraun!
König Peter im Gedräng
Kriecht zu Kreuze –
Schnedderedeng!

Dieser Feldzug
Ist kein Schnellzug.
So singt man heut zum Unterschied
Ein längst bekanntes Lied.
Wie lang umdröhnt uns noch
Der Lärm der Kriegsfanfare?
Dreißig Jahre!
Menschen gibt's dann nirgends mehr,
Überall nur Militär!
Ach, wie schön ist's in der Welt!
Wo man hinspuckt, sitzt ein Held.

Was wir konnten
An vier Fronten,
Das hat, seit sich die Erde sonnt,
Kein Heldenvolk gekonnt.
Der Feind verblutet sich.
Wir haben unterdessen
Nichts zu fressen.

Seit wir auf den Knopf gedrückt,
Ist der Erdball ganz verrückt,
Und am Ende stopft ihn Krupp
In die dicke Berta – Schwupp!

Welch ein Frieden
Uns beschieden,
Steht leider nicht in Gottes Hand,
Es steht bei Engelland.
Die Linke schließt ihn ab.
Wir fingen mit der Rechten
An zu fechten.
Auf, zur Friedenskonferenz!
Auf zum Sieg des Parlaments!
Ganz Europa wird neutral,
Alles andre ist egal.

Aus den Sternen
Kannst du lernen,
Weswegen hoch am Firmament
Nicht auch noch Krieg entbrennt.
Am Himmel wahren sie
In wechselvollem Reigen
Heil'ges Schweigen.
Noch kein Ohr hat je gehört,
Daß ein Stern den Frieden stört.
Und sobald nur einer schwatzt,
Saust er abwärts und zerplatzt.

Das Lied vom armen Kind

Das Lied vom armen Kind

Es war einmal ein armes Kind,
Das war auf beiden Augen blind,
Auf beiden Augen blind;
Da kam ein alter Mann daher,
Der hört' auf keinem Ohre mehr,
Auf keinem Ohre mehr.
Sie zogen miteinander dann,
Das blinde Kind, der taube Mann.
Der arme, alte, taube Mann.

So zogen sie vor eine Tür,
Da kroch ein lahmes Weib herfür,
Ein lahmes Weib herfür.
Bei einem Automobilunglück
Ließ sie ihr linkes Bein zurück,
Das ganze Bein zurück.
Nun zogen weiter alle drei,
Das Kind, der Mann, das Weib dabei,
Das arme, lahme Weib dabei.

Ein Mägdlein zählte vierzig Jahr,
Derweil sie stets noch Jungfrau war,
Noch keusche Jungfrau war.
Um sie dafür zu strafen hart,
Schuf Gott ihr einen Knebelbart,
Ihr einen Knebelbart.
Sie flehte: „Laßt mich mit euch gehn,
Ihr Lieben, laßt mich mit euch gehn,
So wird noch Heil an mir geschehn!"

mehr, auf kei - nem Oh - re mehr.
Sie zo - gen mit - ein - an - der
dann, das blin - de Kind, der tau - be
rit.
Mann, der ar - me, al - te, tau - be Mann.

Am Wege lag ein räudiger Hund,
Der hatte keinen Zahn im Mund,
Nicht einen Zahn im Mund.
Fand er mal einen Knochen auch,
Er bracht ihn nicht in seinen Bauch,
Ihn nicht in seinen Bauch.
Nun trabte hinter den anderen vier,
Wiewohl er am Verenden schier,
Das alte, räudige Hundetier.

Ein Dichter lebt in tiefster Not,
Er starb den ewigen Hundertod,
Den ewigen Hungertod.
Mit Herzblut schrieb er sein Gedicht,
Man druckt es nicht, man liest es nicht,
Und niemand kennt es nicht.
Sein Leib war krank, sein Geist war wund,
Drum schloß er mit dem räudigen Hund
Der Freundschaft heiligen Seelenbund.

Und dann schrieb er zu aller Glück
Ein wundervolles Theaterstück,
Ein wundervolles Stück,
In welchem die Personen sind
Der taube Mann, das blinde Kind,
Das arme, blinde Kind,
Das lahme Weib, die Jungfrau zart,
Mit ihrem langen Knebelbart,
Die Jungfrau mit dem Knebelbart.

Und eh die nächste Stund entflohn,
Konnt jeder seine Rolle schon,
Die ganze Rolle schon.
Verständnisvoll führt die Regie
Das alte, räudige Hundevieh,
Das räudige Hundevieh.
Drauf ward das Schauspiel zensuriert
Und einstudiert und aufgeführt
Und ward ganz prachtvoll kritisiert.

Die Künstler fanden viel Applaus,
Man spannt dem Hund die Pferde aus
Und zieht ihn selbst nach Haus.
Da gab's nun auch Tantiemen viel
Und hohe Gagen für das Spiel,
Das ungemein gefiel. –
Nachdem sie ganz Europa sah,
Da reisten sie nach Amerika,
Nach Nord- und Südamerika.

Nun hört zum Schluß noch die Moral:
Gebrechen sind oft sehr fatal,
Sind manchmal eine Qual;
Frau Poesie schafft ohne Graus
Beneidenswertes Glück daraus,
Sie schafft das Glück daraus.
Dann schwillt der Mut, dann schwillt der Bauch,
Und sei's bei einer Jungfrau auch – –
So ist's der Menschheit guter Brauch.

Vignette von E. Neumann
zur Scharfrichter-Sondernummer
der Zeitschrift
„Bühne und Brettl“

Die Hunde

Elegie

Die Hunde

Elegie

Es waren einmal zwei Hunde,
Wie war das Herz ihnen schwer!
Sie liefen wohl eine geschlagene Stunde
Hintereinander her.

Sie hofften, in liebendem Bunde
Werd ihnen leicht und frei,
Und waren doch nur zwei Hunde,
Und keine Hündin dabei.

Das ist die soziale Misere,
Die Sphinx in der Hundewelt,
Daß man vom Hundeverkehre
Die Hündinnen ferne hält.

Die Hündinnen werden ja häufig
Gleich nach der Geburt ersäuft,
Und wird eine Hündin läufig,
Verhindert man, daß sie läuft.

Man läßt sie aus ihrem Kerker
Tag und Nacht nicht heraus;
Knurrend liegt Bella im Erker
Zu Füßen der Tochter vom Haus.

Lisettchen starrt in die Zeilen
Und zittert wohl mit den Knien,
Zuckt mit den Lippen bisweilen,
Und beide denken an ihn.

Wallt man im Familienvereine
Sonntags vors Tor hinaus,
Bella geht an der Leine
Zugleich mit der Tochter vom Haus.

Hier rücken heran die Studenten,
Dort naht sich Nero galant;
Wie wird von beiden Enden
Die arme Leine gespannt!

In einem Rudel Hunde
Kam schließlich man überein,
Es möge nun in der Runde
Jeder mal Hündin sein.

Das Auge angstvoll, trübe,
Schweift ferne zum Horizont,
Als spräch's: Und das hat der Liebe
Himmlische Macht gekonnt.

Der kleine Fritz ging vorüber
Und sagte: „Lieber Papa,
Sage mir doch, du Lieber,
Was machen die Hunde da?"

Papa entgegnet: „Das nennt man,
Darf dir nicht sagen, wie;
An diesen Greueln erkennt man
Das lausige Hundevieh."

Ueberbrettl

„Sehen Sie wohl, Herr von Schiller, ich habe es ja gleich gesagt, Ihr ‚Lied von der Glocke' wird erst dann von der Volksseele in seiner ganzen Tiefe empfunden werden, wenn Sie es selbst vortragen und dabei eine brennende Petroleumlampe balancieren."
(Zeichnung von Th. Th. Heine)

Illustrationen von Th. Th. Heine zu Wedekinds Ballade „Brigitte B."

Seit gestern morgen ist's vorbei

Seit gestern morgen ist's vorbei
Mit Kunigunde.
Wie fühl ich mich so stolz und frei
Seit jener Stunde!
Und doch, sie war mein höchstes Glück,
Blieb all mein Sehnen.
Denk ich an ihren Kuß zurück,
Dann quellen Tränen.

Wenn ihr selbst eure Macht,
Wenn ihr selbst euren Reiz verstündet,
Der den Liebsten in Ketten einst zwang,
Übtet ihr ihn getreu unser Leben lang,
Wenn der Zauber auf Stunden entschwindet.
Scheint dann die Sonn auch manchmal trüb,
Sofort hätt man euch doppelt lieb,
Wenn ihr selbst eure Macht,
Wenn ihr selbst euren Reiz verstündet.

Brigitte B.

Andante
Ein jun - ges Mädchen kam nach Ba - den, Bri-
D A7
git - te B. war sie ge-nannt, fand
A7 D
Stel - lung dort in ei-nem La - den, wo
D A7
sie gut an-geschrieben stand. Die
A7 D
Da - me, schon ein we-nig äl - ter, war
E E A A

Brigitte B.

Ein junges Mädchen kam nach Baden,
Brigitte B. war sie genannt,
Fand Stellung dort in einem Laden,
Wo sie gut angeschrieben stand.

Die Dame, schon ein wenig älter,
War dem Geschäfte zugetan,
Der Herr ein höherer Angestellter
Der königlichen Eisenbahn.

Die Dame sagt nun eines Tages,
Wie man zur Nacht gegessen hat:
„Nimm dies Paket, mein Kind, und trag es
Zu der Baronin vor der Stadt.“

Auf diesem Wege traf Brigitte
Jedoch ein Individium,
Das hat an sie nur eine Bitte,
Wenn nicht, dann bringe er sich um.

Brigitte, völlig unerfahren,
Gab sich ihm mehr aus Mitleid hin.
Drauf ging er fort mit ihren Waren
Und ließ sie in der Lage drin.

Sie konnt es anfangs gar nicht fassen,
Dann lief sie heulend und gestand,
Daß sie sich hat verführen lassen,
Was die Madam begreiflich fand.

dem Ge-schäf-te zu-ge-tan, der
Herr, ein hö-herer An-ge-stell-ter der
rit.
kö-nig-li-chen Ei-sen-bahn. Ach
a tempo
Gott! Mein Gott! Di-del-dideldum-da,
di-del-di-del-dum-da; di-del-di-del-dum-da dum dum da!

Daß aber dabei die Tournüre
Für die Baronin vor der Stadt
Gestohlen worden sei, das schnüre
Das Herz ihr ab, sie hab sie satt.

Brigitte warf sich vor ihr nieder,
Sie sei gewiß nicht mehr so dumm;
Den Abend aber schlief sie wieder
Bei ihrem Individium.

Und als die Herrschaft dann um Pfingsten
Ausflog mit dem Gesangverein,
Lud sie ihn ohne die geringsten
Bedenken abends zu sich ein.

Sofort ließ er sich alles zeigen,
Den Schreibtisch und den Kassenschrank,
Macht die Papiere sich zu eigen
Und zollt ihr nicht mal mehr den Dank.

Brigitte, als sie nun gesehen,
Was ihr Geliebter angericht',
Entwich auf unhörbaren Zehen
Dem Ehepaar aus dem Gesicht.

Vorgestern hat man sie gefangen,
Es läßt sich nicht erzählen, wo;
Dem Jüngling, der die Tat begangen,
Dem ging es gestern ebenso.

Modernes Mädchen

Modernes Mädchen

Das ist einfach wundervoll
In unsern Tagen,
Daß man wieder tanzen soll,
Nicht nur sich plagen!

Früher bei der Handarbeit
Die schweren Glieder;
Heut streckt man sich immer wieder
Recht lang und breit.

Ging sonst ein Mädchen schwärmen,
Was gab's für ein Geschrei,
Ein Härmen, ein Lärmen,
Als wär's mit ihr vorbei.

Wenn heut die Pauken dröhnen,
Dann tanzt das Mädchen nackt.
Die Schönen gewöhnen
Sich dran in jedem Takt.

Weil kein Weib edlere Waffen hat
Im Kampf um irdisches Glück,
Als wie sie der Himmel geschaffen hat
Als höchstes Meisterstück.

Wenn's der Teufel auch streng betreibt,
Daß man zimperlich zu Hause bleibt,
Rastlos stürmen doch Weib und Welt
Immer vorwärts, wie's Gott gefällt.

Denn die Welt wie das Weib zeigt ganz
Die gleiche höchste Präponderanz
Zum Tanz.

Här - men, ein Lär - men, als wärs mit ihr vor - bei. Wenn
heut die Pauken dröh - nen, dann tanzt das Mädchen nackt. Die
Schö - nen ge - wöh - nen sich dann in je - dem Takt. Weil
kein Weib ed - lere Waf - fen hat im Kampf um ir - disches Glück, als
wie sie der Himmel ge - schaffen hat als höchstes Mei - ster - stück.

Wenn's der Teu - fel auch streng be - treibt, daß man
zimperlich zu Hau - se bleibt, rast - los stür - men doch
Weib und Welt im - mer vor - wärts, wie's Gott ge -
fällt. Denn die Welt wie das Weib zeigt ganz die
glei - che höch - ste Prä - pon - de - ranz zum Tanz.

Auf eigenen Füßen – Donnerwetter!

Tanz aus „Franziska“

Auf eigenen Füßen – Donnerwetter!

Tanz aus „Franziska"

In der Jugend frühster Pracht
Tritt sie einher – Donnerwetter!
Nur von Eitelkeit erfüllt,
Das Herz noch leer – Donnerwetter!

Ganz mit frühlingsfrischen Reizen
Angetan – Donnerwetter!
Und erblickt in allen Männern
Nur den Mann – Donnerwetter!

Donnerwetter, zeigt der Gang,
Donnerwetter, Überschwang!
Donnerwetter, diese Glieder,
Donnerwetter, welch ein Fang!

Donnerwetter, erst im Traum,
Donnerwetter, gibt sie kaum
Ihrer Neigung hin und wieder
Etwas Raum – Donnerwetter!

Donnerwetter, aber plötzlich
Drängt die Leidenschaft zum Ziel,
Donnerwetter, hochergötzlich,
Donnerwetter, wird das Spiel!

Donnerwetter, sinkt zurück,
Donnerwetter, voller Glück
Sie zum ersten Male nieder,
Welch ein Blick – Donnerwetter!

Fang! Donner - wetter erst im Traum, Donner - wet-ter, gibt sie
kaum ih-rer Neigung hin und wie-der et-was Raum - Donner-
wet-ter! Donner - wetter, a - ber plötzlich drängt die Leidenschaft zum
Ziel, Donner - wet-ter, hoch - er - götzlich, Donner - wet-ter, wird das
Spiel! Donner - wet-ter, sinkt zu - rück, Donner - wet-ter, vol - ler
Glück sie zum ersten Ma - le nie-der, welch ein Blick - Donner-

Juchhei, Hallo,
Wie fühlt die Maid sich froh!
Hallo, Juchhei,
In ihres Lebens Mai!

Wenn auch der Mai mit Sturm begann,
Lustig geht's fortan:
Heute mit den Fürstenkindern,
Morgen mit den Bürstenbindern.

Wild saust sie durchs Leben dann,
Donnerwetter, unter Jubel und Geschrei –
Juchhei!
Wie kühn sie's ersann,
Wie klug sie's gewann,
Voller Grauen erzählt's so mancher Mann –
Donnerwetter!

wet-ter! Juch-hei, Hal-lo, wie fühlt die Maid sich
froh! Hal-lo, Juch-hei, in ih-res Le-bens
Mai! Wenn auch der Mai mit Sturm begann, lu-stig geht's fort-
an: Heu-te mit den Für-sten-kin-dern, morgen mit den
Bür-sten-bin-dern. Wild saust sie durchs Le-ben
dann, Don-ner-wet-ter, un-ter Jubel und Ge-schrei-Juch-

hei! Wie kühn sie's er-sann, wie klug sie's ge-wann, vol-ler
Grau - en er-zählt's so man-cher Mann - Donner - wet-ter!

Froh macht dein Lächeln

Froh macht dein Lächeln

Grad aus dem Wirtshaus komm ich heraus,
Straße, wie wunderlich siehst du mir aus!
Rechterhand, linkerhand, beides vertauscht,
Straße, ich merk es wohl, du bist berauscht.
    Froh macht dein Lächeln,
    Wenn du in kurzem Kleide
    Auf schmalen Knöcheln
    Dich hintenüberneigst –
    Im Purpurscheine,
    Allen zu hellster Freude,
    Schimmernde Beine
    Bis zu den Hüften zeigst!

Was für ein schief Gesicht, Mond, machst denn du?
Ein Auge hat er auf, eins hat er zu!
Du bist betrunken, das merk ich nun schon,
Schäme dich, schäme dich, alter Patron!
    Wonniges Gruseln,
    Wenn dunkle Augen sprühen,
    Du dich beim Fußeln
    Weich in den Hüften reckst –
    Schelmisch zu plänkeln
    Auf straffgespannten Knieen,
    Lieblichen Schenkeln,
    Wohlig den Körper streckst!

Und die Laternen, was muß ich erst sehen,
Die können alle nicht aufrecht mehr stehen,
Wackeln und fackeln die Kreuz und die Quer,
Scheinen betrunken mir allesamt schwer.

Beben die Flanken,
Weil stramme Füßchen wippen,
Tief in Gedanken,
So tief, das glaubt man kaum –
Kindlich erschrocken
Öffnen sich heiße Lippen,
Nachtschwarze Locken
Flattern im Purzelbaum.

Wag ich, der ich einzig noch nüchtern jetzt bin,
Mich in den Wirrwarr da draußen nun hin?
Das scheint bedenklich mir, ein Wagestück!
Da kehr ich lieber ins Wirtshaus zurück.

Karikatur von Bruno Paul

Junges Blut

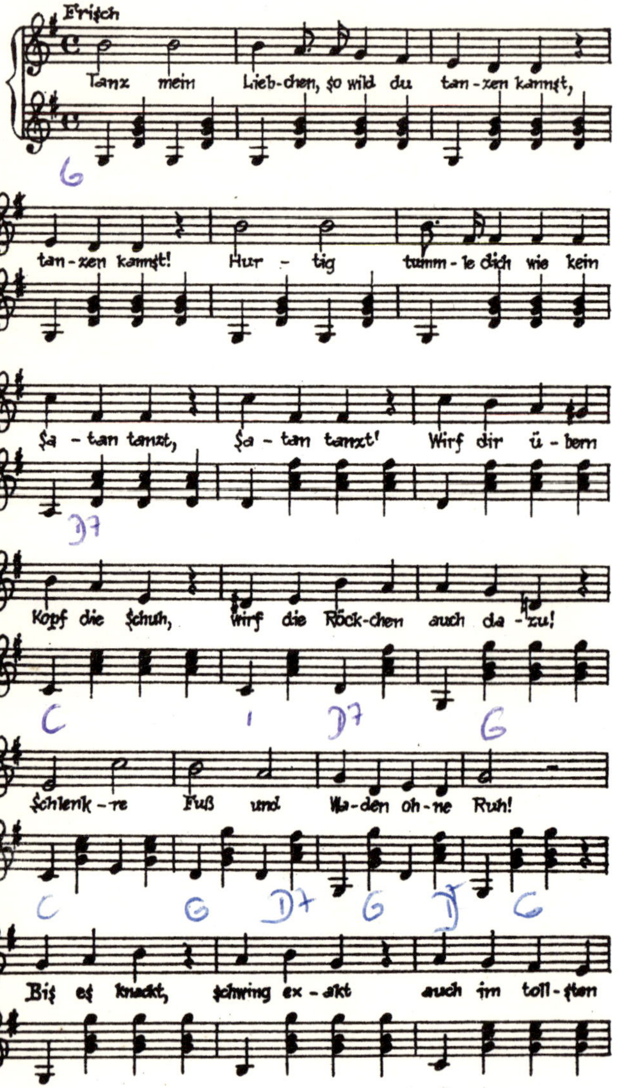
Frisch
Tanz mein Lieb-chen, so wild du tan-zen kannst,
tan-zen kannst! Hur - tig tumm-le dich wie kein
Sa - tan tanzt, Sa - tan tanzt! Wirf dir ü - bern
Kopf die Schuh, wirf die Röck-chen auch da - zu!
Schlenk - re Fuß und Wa-den oh-ne Ruh!
Bis es knackt, schwing ex - akt auch im toll - sten

Junges Blut

Tanz, mein Liebchen, so wild du
Tanzen kannst, tanzen kannst!
Hurtig tummle dich, wie kein
Satan tanzt, Satan tanzt!
Wirf dir übern Kopf die Schuh,
Wirf dein Röckchen auch dazu!
Schlenkre Fuß und
Waden ohne Ruh!

Bis es knackt, schwing exakt
Auch im tollsten Takt
Hurtig, wie vorher nie,
Deine weißen Knie!
Lustbeflügelt derweil
Zuckt dein Hinterteil.
Frisch fang an, heißer dann,
Als dein erster Tanz begann!

Takt hur - tig, wie vor - her nie,
G e H7
dei - ne wei - ßen Knie! Lust - be - flügelt derweil
e A7 D G
zuckt dein Hin - ter - teil. Frisch fang an,
C G e
hei - ßer dann, als dein er - ster Tanz be - gann!
A D7 G D7 G

Vignette von E. Pretorius zur „Lautenlieder"-Ausgabe von 1920

Gebet einer Jungfrau

Ave Maria!
Schwere Träume plagen
Mich so manche Nacht,
Und es läßt die Pein,
Die mein Blut empört,
Sich nicht mehr ertragen.
Achtzehn Jahre alt
Und noch Jungfrau sein.
Ave Maria!
Gratia plena!
Trost und Freude kannst
Nimmer du verwehren,
Einen braven Mann
Mußt du mir bescheren,
Einen braven Mann,
Der gut lieben kann.

Ave Maria!
An dem braven Gatten
Freu ich mich gewiß
Bis zum Überdruß. –
Herren, die nicht gleich
Ihm Bericht erstatten,
Gönn ich darum gern
Manchmal einen Kuß.
Ave Maria!
Gratia plena!
Doch wenn einer mich
Wirklich liebt, erhöre
Stets ich all sein Flehn,
Ohne daß ich störe

Meinen braven Mann,
Der gut lieben kann.

Ave Maria!
Wird mir nun zur Plage
Dieser Brave, der
Mich gesetzlich liebt,
Dann stell ich sofort
Eine Scheidungsklage,
Wenn – aus gutem Grund –
Er mir Anstoß gibt.
Ave Maria!
Gratia plena!
Droht mein Gatte, sich
Geistig zu verklären,
Dann als nächsten mußt
Gleich du mir bescheren
Einen braven Mann,
Der gut lieben kann.

Ella Belling

Sonne, Mond und Sterne

* Melodien aus Leo Falls „Dollar-Walzer“

Ella Belling

Sonne, Mond und Sterne

Springst du zum Tanz auf dem Draht
Mit dem lockigen Köpfchen,
Ist es um jeden Tag schad,
Du geliebtes Geschöpfchen,
Wo wir dein Spiel nicht geschaut,
Mit den Füßen, den kleinen,
Uns nicht die Anmut erbaut
Von bezaubernden Beinen.
Wieg dich und bieg dich im Sternenkleid,
Schau, wie manch kindlich Gemüt
Sonne, Mond und Sterne zu sehn sich freut
Und gar nichts sieht!

Wie's deinem Gaukeln gelang,
Mit dem lockigen Köpfchen
Siehst du vom schaukelnden Strang,
Du geliebtes Geschöpfchen.
Durch dein entzückendes Spiel
Mit den Füßen, den kleinen –
Alle begeistert ein Ziel
Von bezaubernden Beinen.
Neig dich und beug dich im Sternenkleid,
Froh, weil manch kindlich Gemüt
Sonne, Mond und Sterne zu sehn sich freut
Und gar nichts sieht!

Lachst du vom schwebenden Seil
Mit dem lockigen Köpfchen,
Machst den Zerknicktesten heil,
Du geliebtes Geschöpfchen!

Bei - nen. Wieg dich und bieg dich im Ster - nen-
kleid, ſchau, wie manch kindlich Ge - müt
Sonne, Mond und Ster-ne zu ſehn ſich
freut und gar nichts ſieht!

Wen deine Schönheit besiegt
Mit den Füßen, den kleinen,
Der glaubt sich selig gewiegt
Von bezaubernden Beinen.
Reck dich und streck dich im Sternenkleid,
Stolz, daß manch kindlich Gemüt
Sonne, Mond und Sterne zu sehn sich freut
Und gar nichts sieht.

Frühlingslied

Aus dem Französischen

Frühlingslied

Aus dem Französischen

Hörtest du die Sonne frohlocken,
Als du aus dem Fenster geschaut?
Wald und Feld und Wiesen sind trocken,
Warten auf Bräutigam und Braut.
Zieh dein weißes Hemd an, mein Schätzchen,
Das du keusch im Kasten verwahrt,
Komm hinaus zum lauschigen Plätzchen,
Wo sich die Vöglein längst gepaart!

Ja, das ist ja der holde Mai!
Laß uns wandeln zu zwei und zwei
Durch den Hochwald auf blumigen Pfaden!
Wo das Auge des Himmels lacht,
Küssen wir, daß es man so kracht
Vom Genick hinab in die Waden!

Horch, wie ohne Geld in den Zweigen
Sieben Treppen hoch unterm Dach
All die Künstler zwitschern und geigen!
Keiner zählt seine Barschaft nach.
Und die Blümelein auf den Auen,
Dran dein Aug sich innig erquickt,
Brauchen sie auf den Pfennig zu schauen,
Wo sie umsonst ihr Schneider schmückt!

Ja, das ist ja der holde Mai! usw.

aus zum lau-schi-gen Plätz - chen, wo sich die Vög - lein
längst ge - paart! Ja, das ist ja der hol - de
Au - ge des Him - mels
Mai! Laß uns wandeln zu zwei und zwei
lacht, küssen wir, daß es man so kracht
durch den Hoch - wald auf
vom Ge - nick hin - ab
1.
2.
blumi-gen Pfa - den! Wo das in die Wa - den!

Ach, wie billig ist doch das Leben,
Wenn man keine Ausgaben hat.
Höchste Wonne liegt gleich daneben,
Bringst du sie mir doch mit aus der Stadt.
Sicherlich läßt du mich nicht darben,
Wenn auf meine Kosten du fährst,
Trägt der Wald doch der Hoffnung Farben,
Hoff ich, daß du mir drin gehörst.

Ja, das ist ja der holde Mai! usw.

Alsdann wolln zu Mittag wir speisen,
Wo des Rasens Tischtuch uns winkt.
Unsere Mahlzeit soll euch beweisen,
Wie man als Künstler ißt und trinkt.
Deine Locken sind das Gemüse,
Deine Lippen spenden das Bier,
Von den Schultern bis auf die Füße,
Alles ist Gänsebraten mir.

Ja, das ist ja der holde Mai! usw.

Gibst du mir den Laufpaß, o Schrecken,
Kalt und ohne Herz, wie Granit,
Deine Finger sollst du dir lecken,
Ich singe einfach nicht mehr mit.
Wie ein Mühlstein werd ich verenden,
Den man um den Hals dir gehängt,
Denn das heißt sein Leben verschwenden,
Wenn sich der Mensch allein ertränkt.

Ja, das ist ja der holde Mai! usw.

Schauspieler, wenn sie bei Stim - mung sind, –
Ha - de - ri - ah, ja, was sagst da!
Pa - ro - die - ren Frank We - de - kind. –
Ha - de - ri - ah, tra - ra!

Parodie und Satire

Schauspieler, wenn sie bei Stimmung sind,
Haderiah,
Ja, was sagst da!
Parodieren Frank Wedekind.
Haderiah
Trara!

Unvergleichlich getroffen werden
Seine Sprache und seine Gebärden.

Was nicht immer gleich gut gelingt,
Ist die Art, wie er seine Spottlieder singt.

Und wenn sie gar seine Rollen spielen,
Ist von Gefühl oft wenig zu fühlen.

Lacht das Publikum seelenfroh,
Fällt ihnen vor Schreck das Herz ins Trikot.

Schaudernd starrn sie einander an,
Wie jemand bei Wedekind lachen kann.

Er selber dient seinem Werk als Befreier,
Er holt die Kastanien aus dem Feuer.

Unzählige Mal hat er Hidalla gespielt,
Hat leidlichen Eindruck damit erzielt.

Der Schauspieler macht sich nichts aus Befrein,
Er wirft die Kastanien wieder hinein.

Wirkungen, die wie Springbrunnen frisch,
Befördert er eifrig unter den Tisch.

Mit dem Drama, genannt „König Nicolo",
Verfährt der Schauspieler ebenso.

Bewegungslos bleibt er am Boden kleben
Mit der Beteurung: So ist das Leben!

Aber förmlich zum Himmel schreit
Das Martyrium des „Marquis von Keith".

Denn der Erfolg, den die Szenen fanden,
Kommt durch den Schauspieler wieder abhanden.

Und wer die Figur zum Siege geführt,
Der wird vom Schauspieler parodiert.

Warum ich diese Satire schreibe?
Weil ich euch nicht gern etwas schuldig bleibe.

Gäb es bei euch so viel zu gewinnen
Wie bei meinen geliebten Schauspielerinnen

Eysoldt, Durieux, Orska, die drei
Kauften mich los aus der Sklaverei.

Sie ließen mich das Glück erfassen,
Ihr hättet mich lächelnd verrecken lassen.

Jammerschade, daß Parodien
Sich auf Äußerlichkeiten beziehen.

Geläng es doch endlich mal einem Affen,
Innerlichkeit mir abzugaffen!

Karl Hetmann, Nicolo, Marquis von Keith,
Die spielt man nämlich mit Innerlichkeit.

Das zu beweisen, bin ich erbötig,
Solang mir im Leib ein Herz noch tätig.

Der Schauspieler ist ein muntrer Gesell,
Er hat ein beneidenswert dickes Fell.

Er wird sich nicht im geringsten genieren.
Mich mit dieser Satire zu parodieren.

Waldweben

* Kann auch eine Oktave tiefer gesungen werden.

Waldweben

Zwischen duftigen Büschen
Stieß ich auf einen Quell;
Meinen Mund zu erfrischen,
Dünkt er mich rein und hell.

Als ich mich satt getrunken,
Träumend wankt ich zur Stadt,
Bin aufs Lager gesunken,
Fiebernd und todesmatt.

Hat kein Arzt sich gefunden,
Dessen Kunst mich geheilt;
Werd auch nimmer gesunden,
Bis mich der Tod ereilt. –

Ei, du mein durstiger Knabe,
Streife nicht durchs Gebüsch;
Bleib bei der Mutter und labe
Fromm dich am Kaffeetisch!

Idyll

Zum Kell - ner sprach die
Wie bin ich Arm - ste
Kell - ne - rin: Mir wird so son - der-
doch bis - her emp - fin - dungs - bar, ge-
rit.
bar zu Sinn, ich fin - de mich ganz ver-
dan - ken - leer durchs Gast - lo - kal ge-
än - dert.
schlen - dert.
Schluß der letzten Strophe
ster - ben.

Idyll

Zum Kellner sprach die Kellnerin:
„Mir wird so sonderbar zu Sinn,
Ich finde mich ganz verändert.
Wie bin ich Ärmste doch bisher
Empfindungsbar, gedankenleer
Durchs Gastlokal geschlendert!

Nun möcht ich jauchzen und möchte schrein,
Möcht leise wimmern und selig sein
Und sehne mich fort ins Weite;
Ich sehne mich tief in die Einsamkeit,
Und trotzdem wird mir so weich, so weit,
So wohlig an deiner Seite.

O Kellnerknabe, sag an, sag an,
Was hast du Böser mir angetan?
Mein Friede liegt in Scherben.
Mir ahnt ein Glück, ich ermeß es nicht,
Ich fluche sein, ich vergeß es nicht,
Ich möchte am liebsten sterben.“

Das tote Meer

Das tote Meer

Mein Herz ist leer, wie eine taube Nuß,
Als Kobold spukt darin der Überdruß.
Wenn ich's bei Licht mir nah vors Auge halte,
Bleckt er mich hämisch an aus enger Spalte.

An hundert Weiber hatt ich wohl im Sold,
Mit denen ich mein Gut und Blut vertollt,
Die schönsten Nymphen im modernen Babel,
Und ich blieb leer, vom Scheitel bis zum Nabel.

Kein Funke mehr, kein Stern aus früherer Welt;
Kein Flämmchen, das den Busen sanft erhellt.
Nur Pharus ragt noch stets mit glühnden Kohlen
Hoch in die Nacht. Der Teufel soll ihn holen!

Der Lehrer von Mezzodur

Der Lehrer von Mezzodur

In Mezzodur war ein Lehrer,
Sigmund Zus war er genannt,
Als ein braver Mann geachtet,
In der Gegend wohlbekannt.

Er war Gatte und auch Vater
Von drei Kindern, noch so klein;
Leider lebte er nicht glücklich,
Denn die Eh ward ihm zur Pein.

Ein Verdacht regt sich im Herzen,
Seine Frau sei ungetreu,
Daß ein andrer, nicht er selber,
Vater seiner Kinder sei.

Und von Eifersucht gepeinigt
Lebte fürder er dem Wahn;
Als er sich betrogen glaubte,
Reifte leider rasch der Plan:

Eines Nachts zwang er die Gattin,
Daß sie ein Bekenntnis schrieb,
Das er selber ihr diktierte
Und ihr Todesurteil blieb.

Als sie drin den Vater nannte
Ihrer Kinder – ach! o Gott! –
Schoß er die drei armen Kleinen
In dem Bett mit Kugeln tot.

Darauf hat er sie gezwungen
Sich zu legen auf das Bett,
Hat sie dann auch umgebrungen,
Wie sie ihn auch angefleht.

Er legt' nun selber Hand an sich
Und endete dann fürchterlich.
Das Dienstmädchen, das zugegen war,
Mußte leuchten mit dem Licht
Und erzählt's voll Grauen und Entsetzen
Dem Gericht.

Maria Delvard unter dem Henkerbeil
(Karikatur von Ernst Stern)

Das Opfer

Ziemlich langsam
Wenn ich bei Tag mein Mä - del mir be -
etwas rascher
seh, dann seh ich ei - nen kah - len
To - ten - schä - del, dar - un - ter
ein Ske - lett, und seh mein Mä - del ge -
bro - chen knien von schau - er - li - chem Weh.

Das Opfer

Wenn ich bei Tag mein Mädel mir beseh,
Dann seh ich einen kahlen Totenschädel.
Darunter ein Skelett, und seh mein Mädel
Gebrochen knien von schauerlichem Weh.

Sie schreit zum Schöpfer: „Laß mich Freudenquell
Nur schleunigst jetzt an ihm vorübergehen!
Sechs Monde noch, dann wär's um ihn geschehen.
Sein Mark wird mürb, der Tod vergafft sich schnell.

Mich wirft man auf den Mist, das ist normal;
Das Fleisch auf meinen Rippen ist Schimäre.
Ich gäb es, wenn mein liebend Herz nicht wäre,
Schon heute gern den Schlächtern im Spital!"

Das Goldstück

Das Goldstück

Hier an dieser öden Stätte
Will ich rasten, bis es tagt,
Welker Rasen ist mein Bette,
Wie's mir eben recht behagt.
Neben mir die Wogen brausen,
Über mir die Wolken sausen,
Keiner milden Stimme Klang
Tönt den düstren Hag entlang.

Alles habt ihr mir genommen,
Was ihr mir gegeben habt;
Nackend bin ich hergekommen,
Nackend bin ich hingetrabt;
Ohne Strümpfe, Stiefel, Hosen –
Meines Lebens lichte Rosen,
Meiner Jugend muntrer Sinn,
Alles, alles ist dahin.

Ob es schon ein Ziel mir setzte,
Zu erforschen vom Geschick,
Werf ich in die Luft dies letzte,
Blanke goldgeprägte Stück,
Daß es, auf des Kopfes Seite
Fallend, meinen Tod bedeute;
Wenn das Bild gen Himmel schaut,
Sei noch beßrer Zeit vertraut.

Und es steigt, es fällt, es klingelt,
Sieh, zum Himmel starrt die Zahl!
Mein erbebend Herz umzingelt
Todesangst zum letztenmal. –

Eingedenk der Abschiedsflasche
Steck ich's schweigend in die Tasche;
Ihre Dauer sei mein Maß,
Eins des andern Stundenglas.

Spät am Abend schlendr' ich weiter
In der Sonne fahlem Glanz.
Such dir rüstigern Begleiter,
Wandrer du im Efeukranz!
Vieles möchtest du versäumen,
Ich darf rasten, ich darf träumen;
Was das Schicksal mir verspricht,
Jüngling, das enteilt mir nicht.

Frank Wedekind
(Zeichnung von Emil Orlik)

An Berta Maria, Typus Gräfin Potocka

Frank Wedekind 1905

An Berta Maria, Typus Gräfin Potocka

Wie stapften wir einst als Kinder so stramm
Barfuß durch alle Pfützen
Und ließen uns den kalten Schlamm
Hoch über die Kniee spritzen!

Wie einst als Kinder durch Hain und Flur,
So stapfen wir heut durchs Leben;
Der ganze Schlamm der modernen Kultur
Bleibt uns an den Beinen kleben.

Laß dir's nicht schaudern! Was ist dabei!
Wir scheuen nicht Ottern und Nattern,
Solang nur der Kopf und die Brust noch frei
Und im Sturm deine Haare flattern!

gan - ze Schlamm der mo - der-nen Kul - tur bleibt
uns an den Bei - nen kle - ben.
Laß dir's nicht schaudern! Was ist da - bei! Wir scheuen nicht
Ot-tern und Nat-tern, so - lang nur der Kopf und die
breiter
Brust noch frei und im Sturm dei-ne Haa-re flattern!
a E H7 e
H7 e
C F A d C
G7 F a E
H7 e F G7 C

Vignette von E. Pretorius
zur „Lautenlieder"-Ausgabe
von 1920

Behauptung

Belebt
Ob die Menschheit mich be - gra - be, häupt-lings bei le-
bend'-gem Leib, gilt mir doch ein schlanker Kna-be schö-ner
als ein dik - kes_ Weib. Dies Ge - ständ-nis aus - zu - spre-chen
kann ich mich nicht mehr ent - bre-chen, wenn auch al - le al-ten
Hu-ren wü-tend aus dem Häus-chen fuhren. Je-der preist mit
stolzem Mun-de schö-ne Wei - ber, Pfer-de, Hun-de, schö-ne

Behauptung

Ob die Menschheit mich begrabe,
Hauptlings, bei lebendigem Leib,
Gilt mir doch ein schlanker Knabe
Schöner als ein dickes Weib.

Dies Geständnis auszusprechen
Konnt ich mich nicht mehr entbrechen,
Wenn auch alle alten Huren
Wütend aus dem Häuschen fuhren.

Jeder preist mit stolzem Munde
Schöne Weiber, Pferde, Hunde,
Schöne Blumen, schöne Blätter,
Schöne Gegend, schönes Wetter.

Ja, man darf sich unterwinden,
Sogar Schweine schön zu finden,
Wenn man viel dafür bezahlt hat,
Weil sie Liebermann gemalt hat.

An der Schönheit eines Knaben
Darf sich keine Seele laben,
Alle Welt bekreuzigt sich.
Mensch, wie bist du lächerlich!

Blumen, schö-ne Blätter, schö-ne Ge-gend, schönes Wet-ter,
ja, man darf sich un-ter-win-den, so-gar Schweine schön zu
fin-den, wenn man viel da-für be-zahlt hat, weil sie Lie-ber-
mann ge-malt hat. An der Schön-heit ei-nes Kna-ben
darf sich kei-ne See-le la-ben. Al-le Welt be-
kreuzigt sich. Mensch, wie bist du lä-cher-lich!

Rodolphe Salis,
der Begründer des ersten Kabaretts, des „Chat Noir“
(Karikatur von Alfred le Petit)

Bajazzo

Aus „König Nicolo“

Bajazzo

Aus „König Nicolo“

Seltsam sind des Glückes Launen,
Wie kein Hirn sie noch ersann,
Daß ich meist vor lauter Staunen
Lachen nicht noch weinen kann!

Aber freilich steht auf festen
Füßen selbst der Himmel kaum,
Drum schlägt auch der Mensch am besten
Täglich seinen Purzelbaum.

Wem die Beine noch geschmeidig,
Noch die Arme schmiegsam sind,
Den stimmt Unheil auch so freudig,
Daß er's innig liebgewinnt!

auch der Mensch am be - sten täg - lich sei - nen
dm G
Pur-zel - baum. Wenn die Bei - ne noch ge - schmeidig,
C C G C
noch die Ar - me schmieg - sam sind, den stimmt Un - heil
F C G
auch so freu-dig, daß er's in - nig lieb ge - winnt!
C G C

Der Scharfrichter Arcus Troll
(Karikatur von E. Neumann)

Stallknecht und Viehmagd

Carmen bucolicon

Stallknecht und Viehmagd

Carmen bucolicon

Die Bärin wohnt im tiefen Walde,
Im tiefen Wald wohnt auch der Bär,
Und an demselben Aufenthalte,
Da wohnen Bären bald noch mehr.

Und im Olymp, da wohnen Götter,
Darunter Venus und Apoll;
Dort hat man ewig schönes Wetter,
Und jeder Gott ist liebevoll.

Auf ödem Felde schafft die Viehmagd,
Tut ob der Arbeit manchen Schrei,
Jedoch Cupido, der sich nie plagt,
Wälzt sich im Grase nebenbei.

Nun kommt der Stallknecht mit den Kühen;
Auch Ochsen ziehen an dem Pflug,
Doch muß er selbst das meiste ziehen,
Dann geht es eben flott genug.

Cupido duckt sich listig nieder,
Er legt den Bogen an mit Lust
Und schießt die Viehmagd durch das Mieder
In ihre ahnungslose Brust.

Der Stallknecht kommt herbeigesprungen,
Auf daß er rasch ihr Hilfe bringt;
Cupido trifft den guten Jungen,
Daß er mit ihr zu Boden sinkt.

Da liegen Stallknecht nun und Viehmagd
Und schauen sich verwundert an,
Und nachher tun sie, was man nie sagt,
Doch was man leicht erraten kann.

Altes Lied

Andante
p
Es war ein - mal ein Bäk - ker,
Er hat zum Wei - be ge - nom - men
der prunkte mit ei - nem Wanst, wie
ein wür - di - ges Ge - gen - stück; sie
du ihm küh - ner und kecker, wie du ihm
konnten zu - sammen nicht kommen, sie konnten zu -
rit.
küh - ner und kecker dir schwer - lich träu - men
sammen nicht kommen, sie wa - ren viel zu
rit.
kannst, dir schwer - lich träu - men kannst.
dick, sie wa - ren viel zu dick.

Altes Lied

Es war einmal ein Bäcker,
Der prunkte mit einem Wanst,
Wie du ihn kühner und kecker
Dir schwerlich träumen kannst.

Er hat zum Weibe genommen
Ein würdiges Gegenstück;
Sie konnten zusammen nicht kommen,
Sie waren viel zu dick.

Eroberung

Rasch
Ach, sie strampelt mit den Fü - ßen, ach sie läßt es
nicht ge - schehn, ach, noch kann ich ih - ren sü - ßen
Kör - per nur zur Hälf - te sehn; um die Hüf - te
weht der Schlei - er, um den Schlei - er irrt mein Blick.
Im - mer wil - der loht mein Feu - er, ach, sie drängt mich

Eroberung

Ach, sie strampelt mit den Füßen,
Ach, sie läßt es nicht geschehn,
Ach, noch kann ich ihren süßen
Körper nur zur Hälfte sehn;
Um die Hüfte weht der Schleier,
Um den Schleier irrt mein Blick,
Immer wilder loht mein Feuer,
Ach, sie drängt mich scheu zurück!

Mädchen, ich will nichts erzwingen;
Mädchen, gib mir einen Kuß;
Sieh, dich tragen eigne Schwingen
Durch Begierde zum Genuß.
Ach, da schmiegt sie sich und lächelt:
Deine Küsse sind ein Graus!
Und mit beiden Händen fächelt
Sie der Kerze Schimmer aus.

scheu zu - rück. Mäd-chen, ich will nichts er - zwin-gen; Mäd-chen,
gib mir ei - nen Kuß; sieh, dich tra - gen eig - ne Schwin-gen
durch Be - gier - de zum Ge - nuß. Ach, da schmiegt sie sich und
lä - chelt; Dei - ne Küs - se sind ein Graus! Und mit bei - den
Händen fä - chelt sie der Ker - ze Schimmer aus, und mit
bei - den Hän - den fä - chelt sie der Ker - ze Schimmer aus.

Vignette von E. Pretorius zur „Lautenlieder"-Ausgabe von 1920

Neue Liebe

Andante
Du Mäd-chen in des Le-bens voll-ster Pracht
hast mich zu lich-tem Flammen-meer ent-facht;
das zün-gelt blu-tig bis ans Ster-nen-zelt,
von kei-nem Blick be-hü-tet und be-wacht.

Neue Liebe

Du Mädchen in des Lebens vollster Pracht
Hast mich zu lichtem Flammenmeer entfacht;
Das züngelt blutig bis ans Sternenzelt,
Von keinem Blick behütet und bewacht.

Und faßt die Flamme nicht die ganze Welt,
Wie dich und den, der dich umfangen hält?
Ein einz'ger Zwieklang durch den weiten Raum,
Der Jubel der vereinten Schöpfung gellt.

Vergangenheit wird uns ein düstrer Traum,
Am Horizont ein schwarzer Wolkensaum;
Doch auch das Glück, daraus mein Lied erschallt,
In seiner Göttlichkeit noch faß ich's kaum.

Bis daß mich deine irdische Gestalt,
Bis daß mich deiner Sinne Glutgewalt
Von jedem dumpfen Traumgewirr befreit
Durch nie geträumter Freuden Wirklichkeit.

Chorus der Elendenkirchweih

Aus „König Nicolo“

Chorus der Elendenkirchweih

Aus „König Nicolo“

Auf dem Dorf und in der Stadt
Schnarchen alle Menschen hinter dichtgeschloßnen Fenstern;
Und was Haus und Bett nicht hat,
Dreht sich unterm Hochgericht mit fröhlichen Gespenstern!

Aus der Sonne Glanz verbannt,
Finden leisen Schrittes wir des Glückes Spur im Dunkeln
Und sind Herrn im weiten Land,
Wenn vom hohen Himmel die Gestirne freundlich funkeln.

Glaub nur nicht, o Menschenbrut,
Daß in eitel Träumen unser Dasein wir verläppern!
Weißt doch nicht, wie Liebe tut,
Wenn vom lichten Galgen die Gerippe dazu scheppern!

Sonne bald den Berg erklimmt,
Uns bis übers Jahr in alle Winde zu verschlagen,
Die vom Schicksal wir bestimmt,
Unerreichte Truggebilde krampfhaft zu erjagen!

Der goldene Mittelweg

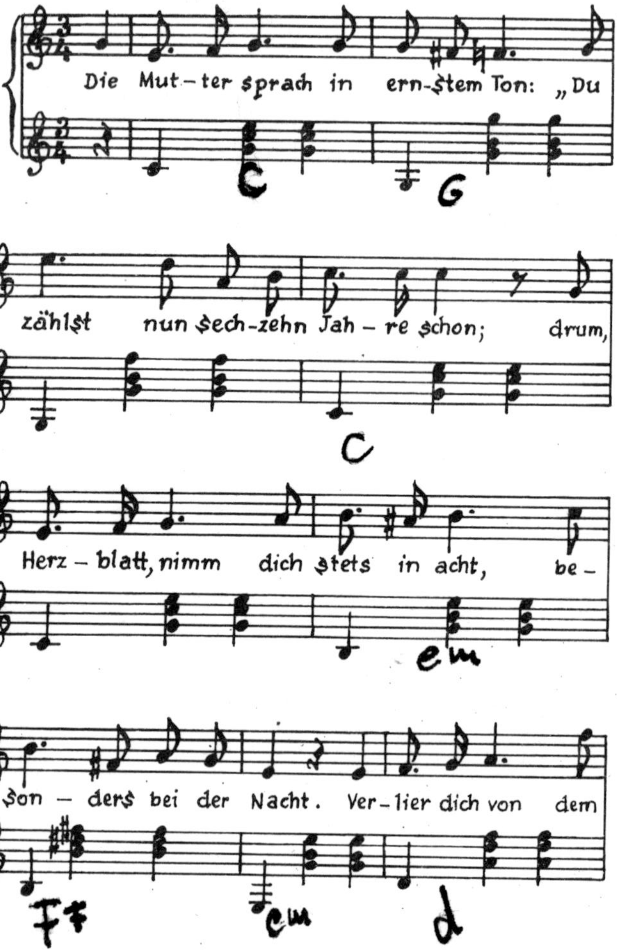

Der goldene Mittelweg

Die Mutter sprach in ernstem Ton:
„Du zählst nun sechzehn Jahre schon;
Drum, Herzblatt, nimm dich stets in acht,
Besonders bei der Nacht.
Verlier dich von dem Lebenspfad
Nie seitwärts ins Geheg.
|: Geh immer artig kerzengrad
Den goldenen Mittelweg.“ :|

Da kommt nun in der Dämmerstund
Des Pulvermüllers Heinrich und
Küßt mich – mir ward gleich angst und bang –
Wohl auf die rechte Wang:
„O Heinrich, das verbitt ich mir;
Sieht's Mutter, setzt es Schläg.
|: Am allerbesten wählen wir
Den goldenen Mittelweg.“ :|

Und plötzlich schreit er glutentflammt:
„Ich führe dich zum Standesamt! –“
„Schweig“, sag ich, „unverschämter Wicht;
Dahin bringst du mich nicht!“ –
Da flüstert er und freut sich schier,
Weil ich's mir überleg:
|: „Nun gut, mein Schatz, dann wählen wir
Den goldenen Mittelweg.“ :|

Le – bens-pfad nie seit – wärts ins Ge – heg. Geh
C E a
im – mer ar – tig ker – zen – grad den
d C
gol – de – nen Mit – tel – weg. Geh im – mer ar – tig
G C d
ker – zen – grad den gol – de – nen Mit – tel – weg."
C C G C

Und wenn ich nun zur Ruh mich leg,
Mir träumt vom goldenen Mittelweg;
Mein Spielzeug macht mir kein Pläsier,
Ich gäb es gern dafür,
Gäb meine Schuh, mein Röcklein fein,
Weiß Gott, ich gäb noch mehr;
|: Hätt nie geglaubt, daß ich solch ein
Gehorsam Mägdlein wär. :|

Die Schriftstellerhymne

Aus „Franziska“

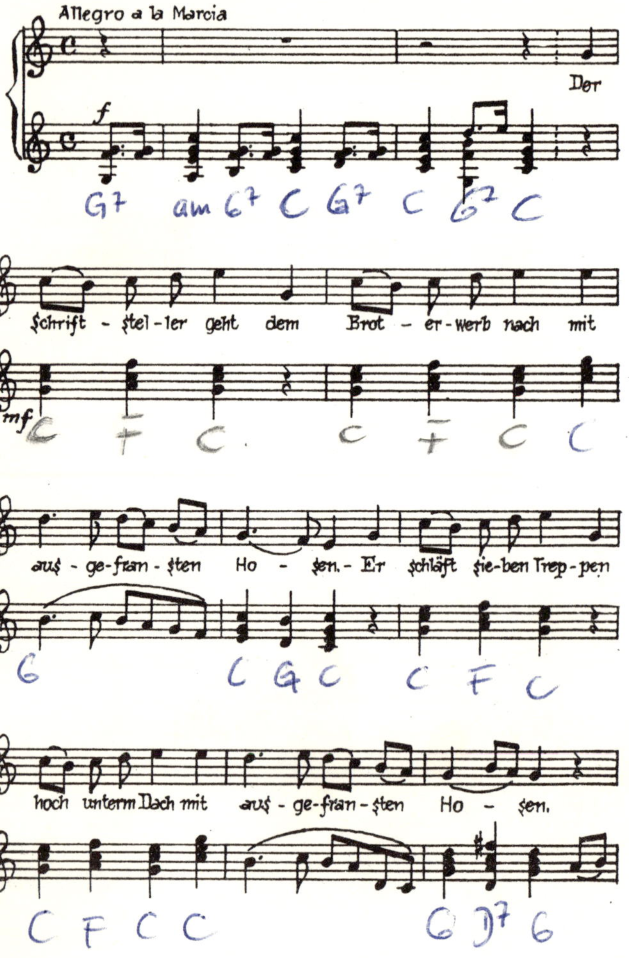

Die Schriftstellerhymne

Aus „Franziska“

Der Schriftsteller geht dem Broterwerb nach,
Mit ausgefransten Hosen.
Er schläft sieben Treppen hoch unterm Dach,
Mit ausgefransten Hosen.
Schöner, grüner,
Schöner, grüner Lorbeerzweig, der dich neckt
Und die Stirn bedeckt, wenn der Lump verreckt,
Mit ausgefransten Hosen.

Ist irgendwer gegen sein Schicksal erbost,
Mit ausgefransten Hosen,
Der Schriftsteller bringt auch dem Ärmsten noch Trost,
Mit ausgefransten Hosen.
Schöner, grüner,
Schöner, grüner Lorbeerzweig, der dich neckt
Und die Stirn bedeckt, wenn der Lump verreckt,
Mit ausgefransten Hosen.

Der König spricht nach, was ein Schriftsteller schrieb,
Mit ausgefransten Hosen.
Dem Volk ist er fast wie sein König so lieb,
Mit ausgefransten Hosen.
Schöner, grüner,
Schöner, grüner Lorbeerzweig, der dich neckt
Und die Stirn bedeckt, wenn der Lump verreckt,
Mit ausgefransten Hosen.

Schö - ner, grü - ner, schöner, grüner Lor-beer-
zweig, der dich neckt und die Stirn be - deckt, wenn der
Lump ver - reckt mit aus - ge-fran-sten Ho - sen. -
1.2.3.4.
5.
Ho - sen.
mf
ff

Der Schriftsteller ragt zu den Sternen empor.
Mit ausgefransten Hosen.
Er raunt seiner Zeit ihre Wonne ins Ohr,
Mit ausgefransten Hosen.
Schöner, grüner,
Schöner, grüner Lorbeerzweig, der dich neckt
Und die Stirn bedeckt, wenn der Lump verreckt,
Mit ausgefransten Hosen.

Der Schriftsteller schafft am Webstuhl der Zeit,
Mit ausgefransten Hosen.
So wirkt er der Gottheit lebendiges Kleid,
Mit ausgefransten Hosen.
Schöner, grüner,
Schöner, grüner Lorbeerzweig, der dich neckt
Und die Stirn bedeckt, wenn der Lump verreckt,
Mit ausgefransten Hosen.

Und trägt er die Schriftstellerei zu Grab.
Mit ausgefransten Hosen,
Gleich lösen ihn hundert Schriftsteller ab,
Mit ausgefransten Hosen.
Schöner, grüner,
Schöner, grüner Lorbeerzweig, der dich neckt
Und die Stirn bedeckt, wenn der Lump verreckt,
Mit ausgefransten Hosen.

„SIMPLICISSIMUS"-GEDICHTE

Ein politisch Lied*

Ich, der alte Hieronymus Jobsius,
Weiland *Theologiae candidatus,*
Bekannt dem zu verehrenden Publikum
Durch meine Lebensbeschreibung von Kortum.

Ich, der ich in verwichenen Phasen
Deutscher Entwicklung das Kuhhorn geblasen,
Finde, daß es jetzt das richtige ist,
Ich werde politischer Journalist.

Nicht, daß ich dem gegenwärtigen Kurs der Dinge
Keine Hochachtung entgegenbringe;
Ich bin nur der Überzeugung, ein Kuh-
Horn gehört notwendig dazu.

Was ist der Bürger, der zahlt die Steuern,
Um sich selbst noch das Brot zu verteuern,
Anderes als eine melkende Kuh? –
Höchstens noch ein Esel dazu.

Es haben nämlich agrarische Übergriffe
Und besonders die Panzerschiffe
Schon seit Jahren mein Herz empört.
Warum hat man nicht darauf gehört!

Aber unmöglich kann ich diese
Hereinbrechende Ministerkrise

* Nachstehende Verse wurden uns von einem Anonymus aus Berlin ohne Adresse eingesandt. Das sie für den Papierkorb zu gut und wir auf die vom Einsender angekündigte regelmäßige Fortsetzung gespannt sind, geben wir dem Poem im „Simplicissimus" einen Raum, obgleich es eigentlich nicht hineingehört. D. Red.

Hereinbrechen lassen, ohne meinem Zorn
Luft zu machen durch mein Horn.

Treibt denn nicht die Politik ihre schönsten Blüten,
Nur um alles Erdenkliche zu verhüten?
Aber fragt man, was sie will,
Dann wird sie auf einmal mäuschenstill.

Die Agrarier, das will ich ja gerne zugeben,
Sind von Gott auch geschaffen, damit sie leben,
Aber warum schöpfen sie nicht lange schon
Trost und Stärkung aus der Religion?

Alsdann sagten sie sich wohl in Bälde:
Sehet die Lilien auf dem Felde;
Sie säen nicht, sie ernten nicht, sie spinnen niemand ins Joch,
Und unser Vater im Himmel nährt sie doch!

Darum, wenn ich hätte die Ehre
Und der Kultusminister von Bosse wäre,
Müßte eine hohe Geistlichkeit
Solches verkünden weit und breit.

Aber was tut der Herr Minister indessen?
Jeder Schulmeister klagt über sein schlechtes Essen,
Wenn er im Jahr einmal etwas zu essen hat,
Denn gewöhnlich wird er nicht satt.

Muß er dann seinen Buben verkünden:
Du sollst dem Ochsen, der da drischet, das Maul nicht verbinden,
Dann blickt er aufwärts und sagt mit stolzem Sinn:
Ich danke dir, o Herr, daß ich kein Ochse bin;

Daß es für mein Vaterland ist eine Ersparung,
Wenn ich mich nähre von geistiger Nahrung,
Weil die leibliche aufgegessen wird
Von dem notleidenden Landwirt.

Wenn ich von einem armen Schulmeister höre,
Regt sich nämlich meine Standesehre,
Maßen ich vor manchem lieben Jahr
Auch einmal ein armer Schulmeister war.

Aber bei dem heutigen Treiben auf Erden
Hoffe ich Kultusminister zu werden;
Darum schimpfe ich auch auf ihn.
Man muß aus allem seinen Vorteil ziehn.

Da nehme man als Exempel den Herrn von Miquel!
Wer hätte dem sozialdemokratischen Karnickel
Vor dreißig Jahren prophezeit,
Er brächte es als Reineke Fuchs so weit.

Ich aber hingegen an seiner Stelle
Wüßte eine reichlich sprudelnde Quelle,
Aus der man noch manches Panzerschiff
Schöpfen könnte mit einem Griff.

Zollfrei sind immer noch unsere lieben Gedanken,
Die so üppig unter dem Himmel ranken
Besonders in unserem deutschen Land.
Miquel, wo hast du deinen Verstand!

Statt durch die Polizei zu überwachen,
Was wir uns für Gedanken machen,
Lasse doch gegen bares Geld
Jeden denken, was ihm gefällt.

Laß keine Bücher mehr konfiszieren;
Dabei kann man sein Geld nur verlieren.
Liebevoll mag es ja freilich sein,
Aber es bringt dem Staate nichts ein.

Bitte, stell dir vor, welche Unsummen
Nur allein durch Nietzsche zusammenkummen,
Wenn von jedem Deutschen, der nietzscht,
Etwas in die Staatskasse glitscht.

Auch soll man keine Versammlungen mehr auflösen,
Denn es verursacht nur böse Polizei-Spösen.
Schreie doch alles aus vollem Bauch!
Schrieest du, Miquel, nicht einst auch?

Und nun komme ich zur Vereinsnovelle;
Großer Gott, welche unerschöpfliche Geldquelle!
Ist es nicht wirklich eine Schmach,
Daß das halbe Vaterland noch liegt brach!

Deshalb, Miquel, eine letzte Bitte,
Bezugnehmend zu deinem demnächstigen Hintritte,
Wenn du als der Nachfolger von Fürst
Hohenlohe Reichskanzler würst.

Dann bitte ich, die Verwaltung der Reichskassen
Und das Finanzwesen überhaupt mir zu überlassen.
Du siehst aus meinen Plänen, daß es mir nicht
An der nötigen Inspiration gebricht.

Ich werde alles gewissenhaft verwalten,
Nur das Überflüssigste für mich behalten.
Denn hierin denk ich wie ein Droschkenpferd:
Jede Arbeit ist ihres Lohnes wert.

Die Gedanken werde ich sofort verzollen,
Dann mögen die Deutschen denken, was sie wollen.
Sozialist, Anarchist und auch Konservativ,
Alles hat seinen bestimmten Tarif.

Schmoller, Delbrück und Genossen
Wird ferner nicht mehr der Mund verschlossen;
Ja, selbst die hohe Beleidigung ist frei,
Vorausgesetzt, daß sie richtig versteuert sei.

Denn wie mancher Ehrsame fühlte sich gedrungen
Zu solcher Art von Beleidigungen,
Indem er die Beleidigung in einer Anwandlung
Von sprachloser Verwundrung begung.

Deshalb soll man ihn darob nicht richten.
Maßen man keinen Bürger verpflichten
Kann, so fromm ihn auch Gott geschaffen haben mag,
Seine Gedanken zu denken im Zickzack.

So, Miquel, nun kennst du meine Pläne.
Indem ich mich sehr nach deinem Portefeuille sehne, –
Verbleib ich indessen mit herzlichem Gruß
Dein getreuer Vetter

Hieronymus

Ein politisch Lied

Und so komme ich denn heute zum zweiten
Male, den Pegasus in der hohen Schule zu reiten,
Wie ich ihn dir vorritt einmal schon,
O du hochgeehrte Frau Redaktion!

Und möchte nachträglich um Entschuldigung bitten
Von wegen seiner ländlichen Sitten.
Aber darin ist er Kind:
Vorne sieht er und hinten ist er blind;

Kann es daher unmöglich voraussagen,
Wo es hintrifft, wenn er pflegt auszuschlagen,
Jedoch, hochgeehrte Frau Redaktion,
Der Betreffende merkt es schon.

Und so muß ich heute vor allem andichten
Hochwohlgeboren Frau Baronin Suttner wegen
versäumter Pflichten
Auf Kuba, auf Kreta und am Goldenen Horn;
Ich beginne daher den Gesang von vorn.

Warum haben Sie, verehrte Frau Baronin,
Sich nicht als kühne Amazonin
Geworfen zwischen die kämpfenden Partein,
„Die Waffen nieder!" ihnen zuzuschrein?

Dabei konnten Sie einen ganzen Haufen
Exemplare von Ihrem Roman verkaufen;
Aber das taten Sie natürlich nicht,
Weil Ihnen der praktische Sinn gebricht.

Als die Welt lag im tiefsten Frieden,
Haben Sie uns Ihren Roman beschieden
Und die internationale Friedensliga dazu;
Jetzt pflegen beide der seligsten Ruh.

Ich möchte Ihnen deshalb vorschlagen,
Es mit einem friedlicheren Unternehmen zu wagen.
Wie würde es gegenwärtig zum Exempel sein
Mit einem internationalen Tierschutzverein?

Die Vorteile blieben nämlich die gleichen,
Es ließen sich unzählige weiche Herzen erweichen,
Denn ein Köter zählt in der Diplomatie
Immer noch mehr als manches Menschenvieh.

So zum Beispiel die Berge von Toten,
Geschlachtet auf Grund diplomatischer Noten,
Wo ein einziges menschliches Wort
Hätte Einhalt getan dem Massenmord!

Was bekommen denn diese Türken und Griechen
Jemals von diesen Lorbeeren zu riechen,
Für die sie auf dem Schlachtfeld verreckt? –
Aber die Vaterlandsliebe ist wieder erweckt!

Die Völker bedürfen zeitweilig der Hiebe
Zur gegenseitigen Erweckung der Vaterlandsliebe,
Damit der Mann, der auf dem Thron sitzt,
Nicht mehr in Sorgen und Ängsten schwitzt.

In diesem Genre kenne ich manche Geschichte,
Die ich in diesem Gedichte noch nicht bedichte.
Wahrscheinlich bedichte ich sie in meinem nächsten Gedicht,
In diesem bedichte ich sie noch nicht.

Nur soviel sage ich zu dieser Stunde:
Es leben auf Erden sowohl Herren wie Hunde;
Und ein Hund ist ein jeglicher Mann,
Der nicht logisch denken darf oder kann.

Gott sei Dank, finden wir dergleichen
Nie und nimmer in deutschen Reichen
Gegenüber einem Herrn von Stumm:
Mausefalle vidi-bumbumbum!

Vielmehr muß man so kalkulieren:
Es gibt Völker, die sich selber regieren,
Und Völker, die dazu noch zu dumm –
Mausefalle vidi-bumbumbum!

Item leben wir deutschen Mäuse
Ruhig wie Schnecken in ihrem Gehäuse.
Stets in uns selber frisch, froh, frei und frumm,
Mausefalle vidi-bum!

Um so mehr muß es unsere Ohren erfreuen,
Wenn andere Nationen nach Freiheit schreien,
Wie zum Beispiel der kleine Rest
Hindus, den übrig ließ die Pest

Und die Hungersnot, indessen die alte Matrone
Mit dem unvergleichlichen Mustersohne
Feiert ein halbes Centenarium –
Mausefalle vidi-bumbumbum!

Die Hindus werden das gleiche erfahren,
Was sie erfuhren vor dreißig Jahren,
Als sie sich zum letzten Male erfrecht,
Zu bestehen auf ihrem Menschenrecht:

Man bindet sie nämlich vor die Kanonenmündung
Und bringt das Pulver darin zur Entzündung.
Auf einmal ist dann der Hindu fort:
Ein hochfashionabler englischer Sport,

Über den ihr keineswegs dürft erschrecken,
Denn er dient lediglich kulturellen Zwecken,
Sintemalen die christliche Kultur
Von jeher so liebreich als möglich verfuhr.

Sie sucht mit Schnaps, mit Kanonen und Bibeln
Den aufrührerischen Geist der Hindus zu zwiebeln;
Darin offenbart sich das wahre Christentum –
Mausefalle vidi-bumbumbum!

Ich aber möchte der Regierung vorschlagen,
Zuallererst zu sorgen für des Volkes Magen,
Dermaßen also der Hindus Blutdurst
Zu stillen mit einer Blut-Wurst.

Ich habe nämlich nach meinen Erlebnissen und Taten
Sehr viel Anlagen zum Diplomaten,
Darum schicke mich das Deutsche Reich
Als Botschafter nach Konstantinopel sogleich.

Ich werde mich dort im Serail einführen
Und die Hohe Pforte von innen heraus kurieren.
Ich wette, daß darauf der kranke Mann
Ganz gesund zu Kreuze kriechen kann.

Deshalb scheue man keine Kosten
Und gebe mir diesen diplomatischen Posten,
Zu dem ich in des Wortes verwegenstem Sinn
Als früherer Nachtwächter wie geschaffen bin.

Ich bin nämlich momentan ohne Mittel
Und interniert im hiesigen Spittel,
Dabei eine vornehme Person;
Das bezeugt die verehrte Frau Redaktion.*

Man möge also allergnädigst geruhen,
Mich auf obenerwähnten Posten zu tuen,
Maßen ich einen Posten haben muß.
Gehorsamst

Hieronymus Jobsius

* Leider ist die Redaktion dazu noch immer nicht in der Lage. Sie bittet darum den anonymen Einsender behufs Zusendung eines Honorars um seine Adresse.

Ein politisch Lied

Teure Frau Redaktion, nie sollst du mich befragen
Nach dem, was ich dir nicht kann sagen,
Sonst muß ich wie der edle Lohengrin
Von hinnen ziehn mit meinem Schwin.

Was braucht eine Frau so genau auch zu wissen,
Von wem sie sich läßt herzen und küssen.
Richtiger denkt sie sich, dem Gaul,
Wenn er geschenkt ist, sieht man nicht ins Maul.

Unterlaß es daher, unvorsichtige Fragen zu stellen
Nach meiner Herkunft, Namen und Erwerbsquellen;
Dann bleibe ich dir treu als Hieronymus
Jobs, Wächter der Finsternus.

Um nun das politische Artikelschreiben
So trefflich als möglich zu betreiben,
Nenne mir, o Muse, diejenige Partei,
Bei der am meisten Geld zu verdienen sei.

Denn ohne das Geld müssen wir elend sterben.
Man kann es stehlen, erben oder auch erwerben,
Wobei es sich als praktisch empfiehlt,
Daß man niemals kleinere Summen stiehlt.

Denn für das Stehlen von kleineren Summen
Muß man baumeln oder wenigstens brummen.
Erben kann man hingegen, wie man will;
Der eine erbt wenig und der andere viel.

Das Geld-Erwerben ist äußerst gefährlich,
Und der Ertrag in der Regel spärlich;
Deshalb erwirbt man nur, wenn man muß –
O ich armer Hieronymus!

Ich flehe nun noch einmal, meine teure Muse:
Mit der Seelenglut der Eleonore Duse
Verkünde, wo das größte Portemonnaie,
Auf daß ich mit patriotischer Be-

Geisterung es meinen Händen erschließe
Und sein Gehalt in meine Taschen fließe.
An einer eigenen Überzeugung, Gott sei Dank,
Ist mein Dichter-Gemüt nicht krank. –

Und Jungfer Muse, erfreut ob meinem Eifer,
Streckt ihre Füßchen und putzt ihren Kneifer
Und spricht mit leiser Beugung des Kopfs:
Höre mich an, Hieronymus Jobs!

Östlich der Elbe haben die Junker
Großen Bedarf an patriotischem Geflunker;
Schreibe doch nur Artikel für sie,
Dann machst du noch eine feine Partie.

Der Heiratskontrakt ist sofort im reinen,
Schreibst du nur gegen die Einfuhr von Schweinen
Und kämpfst für das vaterländische Schwein;
Das wird auch für dich von Vorteil sein.

Hierauf entgegne ich: Holde Muse, ich begreife
Deine Güte, doch die Wurst schmeckt nach Seife.
Ich entsage jeglicher Schweinerei;
Nenne mir doch eine andere Partei!

Und Jungfer Muse, erfreut ob meinem Eifer,
Streckt ihre Füßchen, putzt ihren Kneifer
Und spricht mit leiser Beugung des Kopfs:
Höre mich an, Hieronymus Jobs!

Läßt du die Sozialdemokraten
In der tiefsten Hölle schmoren und braten,
Dann baut dir die deutsche Großindustrie
Ein Schloß am Rhein, und deine Poesie

Wird, wie bei Julius Wolff es gewesen,
Noch weit mehr gekauft als gelesen
In Pergament, Juchten und Saffian.
Und wenn du die Augen zugetan,

Errichtet man dir eherne Monumente,
Maßen jeder Backfisch über dir flennte,
Bis die Gattin schließlich gebar
Und sah, daß die Welt etwas anders war.

Hierauf entgegne ich: Holde Muse, ich begreife
Deine Güte, doch die Wurst schmeckt nach Seife.
Ich danke für alberne Lobhudelei;
Nenne mir daher eine andere Partei!

Und Jungfer Muse, erfreut ob meinem Eifer,
Streckt ihre Füßchen, putzt ihren Kneifer
Und spricht mit leiser Beugung des Kopfs:
Höre mich an, Hieronymus Jobs!

Habemus Papam. Ihr Lutheraner
Seid in der Schule der Welt die Quartaner,
Die hinter den Ohren nicht trocken sind,
Deren Streitmacht blonde Locken sind.

Dagegen erheben wir Ultramontanen
Zweitausendjährige Kriegesfahnen
Aus verschlissener Seide, aus Brokat und Samt
Und freuen uns, daß ihr auf ewig verdammt.

Lasset doch nur mal die Jesuiten
Wieder die jungen Küchlein ausbrüten,
Dann seid ihr Quartaner in Bälde so naß
Wie der Hahnen am Heidelberger Faß.

Hierauf entgegne ich: Holde Muse, ich begreife
Deine Ideale, doch die Wurst schmeckt nach Seife.
Ich gestehe mit Beschämung: *Non possumus.*
Videant Consules! Hieronymus.

Und Jungfer Muse, erfreut ob meinem Eifer,
Streckt ihre Füßchen und putzt ihren Kneifer
Und spricht mit leiser Beugung des Kopfs:
Höre mich an, Hieronymus Jobs!

Es existieren in unsern deutschen Fabeln
Außer Riesen und Drachen auch die National-
  miserabeln
Neben Lindwurm und Bandwurm und anderm
  Gezücht,
Aber in Wirklichkeit existieren sie nicht.

Dagegen verehrt man ihre abgetragenen Schuhe
An einem Wallfahrtsort, genannt Friedrichsruhe.
Die Sohlen waten noch ziemlich tief,
Aber die Absätze sind getreten schief.

Hierauf entgegne ich: Holde Muse, ich vermisse
Deinen guten Geschmack, doch die Wurst schmeckt
nach Seife.
Mich verwirrt die Marktschreierei,
Nenne mir daher eine andere Partei!

Und Jungfer Muse, erfreut ob meinem Eifer,
Streckt ihre Füßchen, putzt ihren Kneifer
Und spricht mit leiser Beugung des Kopfs:
Höre mich an, Hieronymus Jobs!

Es schneidet niemand charaktervollere Gesichter
Im Deutschen Reichstag als Eugen Richter,
Was nicht verwunderlich, denn er stützt
Sich auf die Volksklasse, die besützt.

Möge ihn Gott der Gerechte davor schützen,
Selber nur Charakter zu besützen,
Was indes nicht zu befürchten ist,
Maßen er ein braver, biederer Christ.

Wenn er statt dessen ein Jude wäre,
Regte sich jedenfalls die germanische Ehre,
Und er kämpfte, ehe man sich's versieht,
Als eingefleischter Antisemit.

So aber rezitiert er die deutsche Freiheitsposse
Von dem talentvollen Dichter Hieronymus Mosse,
Darin das Kapital nach allerhöchster Gnade schielt
Und dabei mit Glück die verfolgte Unschuld spielt.

Das Kapital muß nämlich stets ein wenig winseln,
Damit sich seine Reize anständig verzinseln.

Das übrige besorgt die Annoncen-Expedition
Eugen Richter und Artur Levysohn.

Hierauf entgegne ich: Holde Muse, ich begreife
Deine Güte, und die Wurst schmeckt auch diesmal
nicht nach Seife,
Aber nach Knoblauch, und das ist einerlei;
Deshalb nenne mir rasch eine andere Partei!

Und Jungfer Muse, erstaunt ob meinem Gruseln,
Läßt sich noch einmal frisch übermuseln
Und spricht mit leiser Beugung des Kopfs:
Höre mich an, Hieronymus Jobs!

Leider gibt es in allen deutschen Staaten
Auch sogenannte Sozialdemokraten,
Die verfolgen gar kein anderes Ziel,
Als zu streiken ohne jedes Taktgefiehl.

Zieht man ihnen dann das Fell über die Ohren,
Dann fühlen sie sich erst recht wie neugeboren,
Und saugt man ihnen aus den Knochen das Mark,
Dann sagen sie, das mache sie gerade stark.

Legt man sie vorsorglich an die Kette,
Dann radeln sie mit den Agrariern um die Wette,
Und kratzt man ihnen die Augen aus,
Dann verbreiten sie Aufklärung von Haus zu Haus.

Kurz und gut, es gibt gar kein Mittel,
Weder Militär, noch Richter, noch Polizeibüttel,
Dem diese Brut nicht widersteht;
Höchstens hilft noch Religiosität.

Daß sie aber an Honoraren viel blechen,
Möchte ich dir wirklich nicht versprechen.
Von Miquel gestand es offen und frei,
Daß bei ihnen nicht viel zu holen sei.

Hierauf entgegne ich: Holde Muse, ich begreife
Die Sozialdemokratie, aber ich pfeife
Ebenfalls auf übersinnliches Honorar.
Welche Partei bezahlt denn bar?

Und Jungfer Muse, erfreut ob meinem Eifer,
Wird in ihrer Haltung steifer und immer steifer,
Rümpft das Näschen und setzt sich in Positur
Und zeigt mir von ihrer Kehrseite die Hälfte nur:

Viel zu holen ist bei keiner von diesen Parteien,
Soll dir hingegen deine Begeisterung gedeihen,
Dann geh mit der Regierung durch dick und dünn
Und schöpfe daraus deinen Gewünn.

Folge der Regierung durch alle Labyrinthe,
Durch die höchsten Höhen und die dickste Tinte,
Dann erfüllt sich früher dein Ideal
Und du wirst Finanzminister oder Oberpostgeneral

Oder Intendant patriotischer Festspiele
Oder Bevollmächtigter vaterländischer Gefühle
Am Goldenen Horn oder bei der Goldenen Hundertzehn,
Man weiß ja nie, was noch kann geschehn.

Aber vor allem unterlaß deine faulen Witze,
Sie sind in der Diplomatie nichts nütze;
Lieber zeige dich möglichst dumm
Als ganz devoten Hieronymum

Ein politisch Lied

Geehrte Frau Redaktion, ich möchte darauf dringen,
Meine Artikel rascher in die Erscheinung zu bringen,
Sonst findet der Minister, den ich besang,
Derweil wieder seinen Abgang.

Und während ich immer noch seine Verdienste preise,
Ist er längst in der Schweiz auf Erholungsreise,
Was mir der nächste dann übelnimmt,
Der nach ihm an das Staatsruder kimmt.

Statt ein Verherrlicher des bestehenden Staates,
Bin ich dann ein Umstürzler schlimmsten Grades,
Und man sendet mich, den Botschafter *in spe*,
Statt an den Bosporus nach Plötzensee.

Aber man rechne bei etwaigen Bedrängnissen
Und sonstigen redaktionellen Naturereignissen,
Als da sind Gefängnisse und Untersuchungshaft,
Nicht auf meine Mitarbeiterschaft.

Denn zum Märtyrer habe ich keinerlei Anlagen,
Kann weder das Verbrennen noch das Köpfen vertragen
Und hielt mir seit meiner Kindheit gern
Alle Unannehmlichkeiten fern.

Um deshalb auf alle Fälle vorzubeugen
Und die Welt von meiner Harmlosigkeit zu überzeugen,
Singe ich heute ein Loblied auf die Polizei.
Ich habe auch noch einen anderen Grund dabei.

Die Polizei gehört nämlich nach meinem Dafürhalten
Zu den unerschütterlichsten Staatsgewalten,
Hervorgegangen aus dem Leckert-Lützow-Skandal
Als das wahre National-Moral-Ideal.

Ich brauche daher nicht davor zu bangen,
Daß sie wurde auf Erholungsreisen gegangen
Oder grämlich auf dem Rittergute greint,
Wenn dieser Artikel in der Zeitung erscheint. –

Hochgeehrte Frau Polizei, ich bringe
Dir also meinen Huldigungsgruß und singe
Dein Lob in ehrfurchtsvollen Melodein ...
Das wird doch nicht polizeilich verboten sein.

Wie einst sangen die drei Männer im feurigen Ofen,
So singe auch ich auf den deutschen Bahnhofen,
Wo man mich zwar oft mit Beschlag belegt,
Aber der Reisende mich in der Tasche trägt.

Denn es dient das Mitbeschlagbelegen
Manches Mal dazu, Aufsehen zu erregen,
Sintemal das Publikum für ein Blatt
Sonst nicht das brennende Interesse hat.

Trotzdem aber möchte ich gar nicht wagen
Für die Beschlagnahme meinen Dank zu sagen,
Denn mich versichert die Polizei,
Daß die Absicht eine andere gewesen sei.

Ich werde vielmehr die beabsichtigten Absichten
Der Polizei mit den schönsten Worten andichten,
Wenn auch die Wirkung von dem erstrebten Heil
In der Regel das gerade Gegenteil.

Deshalb rechne ich es ihr auch nicht zur Ehre,
Daß sie die unteren Volksklassen aufkläre,
Weil dazu die Staatskirche berufen ist;
Aber weit gründlicher tut es der Polizist.

Er unterweist mit dem blanken Säbel
Das Volk in Darwin, in Lassalle und in Bebel,
Wer nicht kapieren will, dem schmerzt das Fell;
Mein Gott, wie lernen diese Leute schnell!

Wie begeistert wird von manchem Schusterjungen
Hier und dort schon das *Dies irae* gesungen!
Lateinisch sogar lehrt ein Polizist,
Wenn es ihm auch selbst nicht geläufig ist.

Doch möchte ich mit diesen grausigen Übeln
Niemanden auf der Welt verhohnepibeln,
Weil die Wirkung den Absichten nicht entspricht,
Ich fahre daher fort in meinem Lobgedicht.

Sieht man, wie alles Irdische vergänglich,
Dann wird es einem um die Seele oft bänglich,
Doch freut man sich ob einer Institution,
Die bestand im Paradiese schon.

Als nämlich in Verfolgung seiner Klasseninteressen
Genosse Adam von der verbotenen Frucht gegessen,
Von der ihm bis dahin nur manchmal geträumt,
Da wurde ihm das Lokal polizeilich geräumt.

Derohalben denn auch die Schutzleute
Von Anbeginn der Welt bis auf heute
Den Paradiesengel mit dem Flammenschwert
Als ihren Schutzheiligen verehrt.

Doch hoffe ich, daß ich wegen exegetischer Erörterungen
Nicht werde in die babylonische Gefangenschaft gebrungen,
Denn es ist mir heiliger Ernst dabei,
O du hochgeehrte Frau Polizei!

Bringe ins Gefängnis, was dir beliebe,
Narren, Unschuldige, sowie auch Taschendiebe,
Mich aber, deinen Freund, den Hieronymus,
Bringe bitte nicht unter Verschluß.

Denn ich verherrliche dich als ein höheres Wesen,
Vom Himmel zum Schutze der Menschheit erlesen.
Nietzsche, als er seinen Übermenschen ersann,
Dachte gewiß an einen Schutzmann.

Es sei daher auch nicht länger aufgeschoben,
Deine Verdienste um die Literatur zu loben,
Sowie auch dein unausgesetztes Bemühn
Zu Wohl und Nutzen der deutschen Bühn'.

Durftest du es dir doch nicht nehmen lassen,
Ein Buch namens „Laokoon" zu verfassen
„Über die Grenzen der Dichtkunst und Malerei",
Gezogen von einer hohen Polizei.

Dieses Buch ist nicht so leicht zu verstehen,
Nur so viel läßt sich daraus ersehen
Und wird einem jeden Leser klar,
Daß Friedrich Schiller kein Dichter war.

Gott sei Dank, herrscht er im Reiche der Toten,
Heute wäre ihm das Dichten verboten,
Denn er dichtet ohne jeden Respekt;
Vielleicht würde er auch eingesteckt,

Wenn er noch einmal seine „Kabale und Liebe“
Oder eventuell seine „Räuber“ schriebe,
Denn es herrscht in diesen Stücken ein Ton,
Der schreit allem Polizeiwesen Hohn.

Dafür aber gedeihen heutzutage
Um so besser die Dichter von meinem Schlage.
Wie beseligend liest sich nicht Buch für Buch
Von meinem hohen Kollegen Wildenbruch!

Und dies alles haben wir dem ästhetischen Walten
Unserer Polizei zugute zu halten,
Vor der sich in tiefster Ehrfurcht bewegt

Hieronymus Jobs (mit Beschlag belegt)

Postskriptum. – Wenn irgendein Posten offen,
Dann dürfte ich wohl auf Berücksichtigung hoffen,
Indem ich als ehemaliger Wächter der Nacht
Auch schon manchen in Gewahrsam gebracht.

Ich verstehe mich ganz speziell auf Betrunkene
Und noch spezieller auf moralisch Gesunkene,
Und mit einer derartigen Existenz
Mache ich nicht viel Federlesens.

Außerdem bin ich ein guter Wegweiser
Für Bier-, Wein- und andere Häuser,
In welch letztbemeldeten ich hin
Und wieder Kind des Hauses bin.

Ingleichen wüßte ich noch eine Menge von Gründen
Für meine Befähigung aufzufinden.
Man bedenke sich daher nicht, sondern tu's.

Hieronymus Jobsius, Politikus

Ein politisch Lied*

Und so ist es nun doch gekommen,
Daß ich habe meinen Abtritt genommen
Von einer hohen Frau Redaktion
Infolge von meinem wüsten Ton!

Es war mir darüber besonders böse
Das geehrte Fräulein Redaktionöse
In der Meinung, ihr jungfräuliches Gefühl
Diene meinen Witzen als Scheibe vom Zühl.

Und all meine Bittschriften und Postulate,
Worinnen ich um gute Versorgung bate,
Sowie mein Buhlen um der Parteien Gunst,
Alles dies ist geblieben umsunst.

Weder die Regierung noch die Sozialdemokraten,
Weder die Lakaien noch die Potentaten,
Weder der Leutnant noch das Mädchen vom Ballett
Hat für mich einen Platz im Bett.

Ich tat auch bei der Hohen Pforte nachsuchen,
Daß sie mich möge beschäftigen als Eunuchen,
Aber man schrieb umgehend, für den Harem
Sei mein Äußeres zu angenehm, trotzdem.

Und so blieb denn nichts hier auf Erden,
Als in Berlin wiederum Nachtwächter zu werden,
Wie ich solches schon in Schildburg war
Vor jetzt hundertfünfundvierzig Jahr:

* Hieronymus Jobs hat sich wieder eingefunden. Wir danken ihm. D. Red.

Guter Mond, du ge-he-hest so sti-hil-le
Von der einen zu der andern Desti-hil-le,
Bis wir einander ansingen im tiefsten Ton:
Schäme dich, o schäme dich, du alter Patron!

Und er entgegnet mir: Du mein alter Kunde,
Kavalier vom Schatten, Ritter der Geisterstunde,
In welchem Stoffe betrinkst du dich denn jetzt,
Seit man den Alkohol mit Petroleum und Teer versetzt?

Worauf ich entgegne: Mein augenblicklicher Status
Ist das Ergebnis vom Spiritus denaturatus;
Mir braut der Staat meinen besten Likör,
Und ich trinke auf der Welt keinen anderen möhr.

Darauf der Mond mit leisem Nicken des Kopfes:
Du bist der Geist meines alten Hieronymus Jobses,
Der von Menschen nicht gewußt – oder nicht bedacht,
Durch das Labyrinth der Brust – wandelt in der Nacht! –

Und ich wandle weiter, bedächtig, nächtig,
Vom Geiste voll, von tausend Welten trächtig,
Immer weiter und weiter am Ufer der Spree –
O ich armer, ich armer Hieronyme!

Und plötzlich, eine unerwartete Freude,
Steigt empor das neue Reichstagsgebäude,
Mit hellem Licht übergossen vom Mond –
Vorerst sehe ich nur die Hinterfront.

Aber schon erkenne ich daraus das eine:
Es gibt in Deutschland noch sehr viele Steine,
Denn die Fenster des Gebäudes sind sehr klein;
Es könnte eventuell auch ein Zuchthaus sein.

In den Ecktürmen sind zwar sehr hohe Fenster,
Aber zur Abwehr der bösen Freiheits-Gespenster
Schachtelt' man in jedes zwei kleine Fenster ein;
Das könnte eventuell auch ein Zuchthaus sein.

Und diese Säulen, diese korinthischen Säulen,
Vergib, guter Mond, aber die sind zum Heulen:
Jede eine Köchin, die sich zum Tanz
Ins Haar geflochten einen Anemonen-Kranz.

Mich wundert auch gar nicht, wenn ich höre,
Daß jede dieser Säulen schwanger wöre,
Dabei so plump, wie jeder Renommist
Jederzeit plump sowohl wie auch schwanger ist.

So äugeln sie mich an, mit verliebten Blicken,
Um das Lächerliche ihrer Situation zu unterdrücken:
Sind unsere Formen auch nicht gerade schön,
Du solltest nur mal unsere Knochen sehn;

Auch putzen wir uns mit griechischen Ornamenten
Und tun so, als ob wir griechisch sein könnten –
Ich mag nicht hinsehn, es ist mir eine Qual;
Sie erinnern mich an das Café National.

Ich danke, mein Fräulein, ich gehe lieber
An diesen bekränzten Pfingst-Kühen vorüber
Und sehe mir das Haus von vorne an.
Leuchte mir, guter Mond, auf meiner Bahn!

Ich habe im Lauf des Jahrhunderts gesehen
Viele Parlamentshäuser entstehen.
Wie kommt es, daß das deutsche an der Kuppel Statt
Einen Bonbonnieren-Deckel hat?

Und der Mond sagt: Durch architektonische Größe
Gibt sich das deutsche Volk eine Blöße.
Es will sich ducken, das ist sein Ziel;
Darum schuf es den Reichstagsgebäudestil.

Bedenke, welche großen Ideen
Unter einer himmelhohen Kuppel entstehen.
Gott im Himmel, in welchen Zustand
Geriete das deutsche Vaterland!

Einmal hat man sich soweit vergessen,
Als man in Frankfurt in der Paulskirche gesessen,
Da ragte die Kuppel ziemlich hoch,
Aber das bereuen die Deutschen heute noch.

Deshalb muß der Reichstag haben
Einen Deckel, darunter die braven Knaben
So geduckt sitzen, wie man nur sitzen kann ...
Gute Nacht, du guter Nachtwächtermann. –

Und als dann kam der Architekt an die Reihe,
Gab es in Berlin ein großes Geschreie,
Weil er den ersten Preis nicht bekam,
Was ihm Hieronymus nicht übelnahm.

Und es gab auch ein Essen der Architekten,
Die mit ihm in demselben Stil steckten,
Damit der Bau werde ein Meisterstück,
Aber sie haben gehabt kein Glück.

Der Bau ist geblieben, was er gewesen,
Weswegen auch nicht darauf zu lesen
Zuoberst an dem Frontispice:
„Dem deutschen Volk" – So erkläre ich mir dies.

Denn es war einer in deutschen Landen
Unter allen, die den Bau wunderschön fanden,
Der sagte: Die Fenster sind zu klein.
Mehr Licht! Es muß mehr Licht hinein!

Weshalb er es sich denn auch verbeten,
Daß man dem Volke zu nahe getreten
Und etwa die Aufschrift setzte dahin. –
Niemand erriet wohl den tiefen Sinn.

Aber ich habe ihn glücklich erraten
Und finde, daß meistens die Potentaten
Höher stehen in ihrem Geschmack
Als all das servile Lakaienpack.

Und so verhüllt mir auch heute eine Wolke
Noch die Aufschrift: „Dem deutschen Volke".
Gebe Gott, daß sie nie wird zu lesen sein
Über diesen kleinen Fensterlein,

Über den griechischen Säulen, die sich blähen
Wie die Schutzleute, die unter den Linden stehen,
Über diesem erdrückenden Haufen von Stein,
Gebe Gott, wird sie niemals zu lesen sein! –

Guter Mond, du ge-he-hest so sti-hil-le
Durch die Wolken u-hund i-hich fü-hühle,
Daß ich noch nüchtern werden kann,
Zeige mir drum rasch eine Destille an!

Guter Mond, vielleicht hast du am Firmamente
Einen Posten, den ich ausfüllen könnte
Auf der Milchstraße, im Bilde der Jungfrau –
Ich erfülle meine Pflichten so genau.

Oder beim Wassermann oder beim Wedekinde,
Oder daß ich bei den Plejaden Beschäftigung finde.
Zu diesen Damen paßte ich so recht
Für mein Lebensend als des Hauses Knecht.

Durch deine Strahlen kannst du mich ja ziehen
Empor aus diesem ordinären Berlihen,
Wo alles in abgedroschenen Phrasen spricht.

Hieronymus Jobs
(Du ahnst es nicht)!

Ein politisch Lied

Von der deutschen Flotte

O Deutschland, Deutschland, wird sie niemals enden,
Des alten Irrwahns mörderische Lust!
Willst ewig du mit deinen eigenen Händen
Dein Herz zerfleischen in der offnen Brust!
Hast du des Jammers und der Niedrigkeit
Nicht Überfluß gekostet jederzeit?
Und heut, da stolz sich dein Panier entfaltet
Rings um des Erdballs meerumspülten Rund,
Ist die Begeistrung schon in dir erkaltet,
Von der in tausend Liedern schwoll dein Mund?!

In Liedern, ja! Am Biertisch in den Schenken,
Den vollen Maßkrug in der Heldenhand,
Wie liebst du, Deutscher, da dein Vaterland!
Wie liebst du, seines Schöpfers zu gedenken,
Des Manns, der als Messias ihm gesandt!
Am nächsten Morgen, wenn der Rausch verflogen
Und Zucker wird und Kaffee abgewogen
Und jeder Pfennig sechsmal umgedreht,
Da tönt des Katzenjammers kläglich Wimmern:
Was braucht mich Deutschlands Größe denn zu
kümmern!

Ist Deutschland denn nicht längst schon groß genug?
Was schafft die Größe mir als größre Steuern!
Soll ich mir selbst mein Brot, mein Bier verteuern?
Nein, dazu sind wir Deutschen doch zu klug!
Wenn sich die andern um den Erdball streiten,
So wissen sie ja selbst nicht recht, warum!
Ich bin ein Deutscher und bin nicht so dumm,

Mir Unannehmlichkeiten zu bereiten
Zur Quelle neuer Unannehmlichkeiten!
Nein, Ruhe ist des Bürgers erste Pflicht;
Deswegen weich ich nicht und wank ich nicht,
Und bleibe treu dem Grundsatz meiner Väter:
Wer mich beunruhigt, ist ein Hochverräter!

Und dann entfaltet flugs sich der Radau,
Ein Raufen, welches bis zum Himmel stinket
Und alles Aasgevögel an sich winket.
Mit Deutschen nimmt's der Deutsche nicht genau;
Er stößt ihn vor den Wanst und in die Weichen:
Bist du was Beßres denn als meinesgleichen?!
Respekt genießt in Deutschland nur der Fremde,
Ob er aus Franken-, ob aus Engeland;
Die Männer lecken ihm die weiße Hand.
Die Frauen küssen ihm das weiße Hemde –
Du bist ein Deutscher? Du trägst Jägerwäsche?
Erlaub mir, daß ich dir den Buckel dresche!

Ich bin ein treuer deutscher Monarchist
Und weiß, wann mein Monarch geboren ist.
An jenem Tage hänge ich sein Wappen
Im Fenster aus als braver Biedermann;
Das macht beliebt und lockt die Kunden an,
Und wundersam rentiert sich solch ein Lappen.

Warum auch nicht, dieweil doch den Philister
Beim Worte „Größe" kalter Graus beschleicht!
Er hält sich nur an einen Staatsminister,
Des Blick just um den nächsten Kirchturm reicht:
Hie Reuß, hie Bückeburg, hie Baden, Bayern,
Hie Württemberg! – Auf angestammten Eiern

Ausbrütet jeder ohne Unterlaß
Echt deutschen, antideutschen Deutschenhaß!

Die Stunde drängt! Mit Zimbeln und Posaunen
rühmt sich das Deutsche Reich der innren Wirrn.
Die Nachbarvölker zögern vor Erstaunen,
Wohin mit den beschämten Blicken irrn.
Sind das die Helden, die uns unterjochten,
Die vor Paris und um Sadová fochten!
Ist das der Schutz von Straßburg und von Metz,
Ein leeres, sich beschimpfendes Geschwätz!

Das jammert euch, ihr vagen Krämerseelen,
In deren Adern dicke Tinte fließt,
Daß Deutschlands Ruhm, in Pfennigen abzuzählen,
Nicht stracks in eure Taschen sich ergießt! –
Und wofür wollt ihr denn, ihr Sozialisten,
Wofür in Zukunft euer Werkzeug rüsten,
Wenn nicht das Deutsche Reich in Ost und West
Den Aar auf seinen Masten flattern läßt!

Oh, spar dir, deutscher Bürger, deinen Heller,
Wenn du nur nicht mit deinen Liedern sparst,
So bist im Handumdrehn du um so schneller,
Was glorreich du vor hundert Jahren warst.
Der Augenblick ist gut gewählt: Es eilen
Die Völker wieder mal, die Welt zu teilen.
Bleib dir getreu, denn kämst du noch zur Zeit,
Zum Teufel wär's mit der Gemütlichkeit!

Germania, dir graut vor deinem Glück,
Das du dir selbst zu lang nun schon gekostet.
Steck ein dein Schwert, auf daß es friedlich rostet,
Und zieh als alte Jungfer dich zurück!

Vielleicht, wie einst, von einem der Rivalen
Läßt du auch wieder dir Pension bezahlen
Für deiner Kinder frisch vergoßnes Blut
In ferner Völker fernen Kolonien,
Fehlt's doch dem deutschen Jüngling nicht an Mut!
Nur für sein eigen Heil das Schwert zu ziehen,
Die Gnade sei ihm lieber nicht verliehen!

Wozu die Flotte! Fremde Schiffe tragen
Den Deutschen ja, wohin sein Herz ihn zieht.
Die Segel schwellen, und in stolzem Lied,
Wenn schon die Wogen rings die Planken schlagen,
Entlastet sich sein kindliches Gemüt;
Und tausend Stimmen singen, im Verein
Beseelt von bangem, tränenschwerem Hoffen
Auf *fremden* Schutz, das Weltmeer vor sich offen:
„Lieb Vaterland, magst ruhig sein!"

Willst du dem Bruder keine Zuflucht schaffen,
Ihm, dem zu eng das schöne Heimatland,
Hältst du dafür zu kostbar deine Waffen,
Von Gottes Huld gelegt in deine Hand,
Dann, Deutscher, bleib, was du von jeher warst,
Der du im Wort nicht, nur in Taten sparst:
Im Herzen *weinerlicher Schwerenöter,*
Nach außen hin *der ew'ge Struwwelpeter*!

Hermann

In Castans Panoptikum

Die neuesten Erwerbungen für die Schreckenskammer
(Zeichnung von E. Thöny)

Wie ich meine nächste Zeichnung machen werde

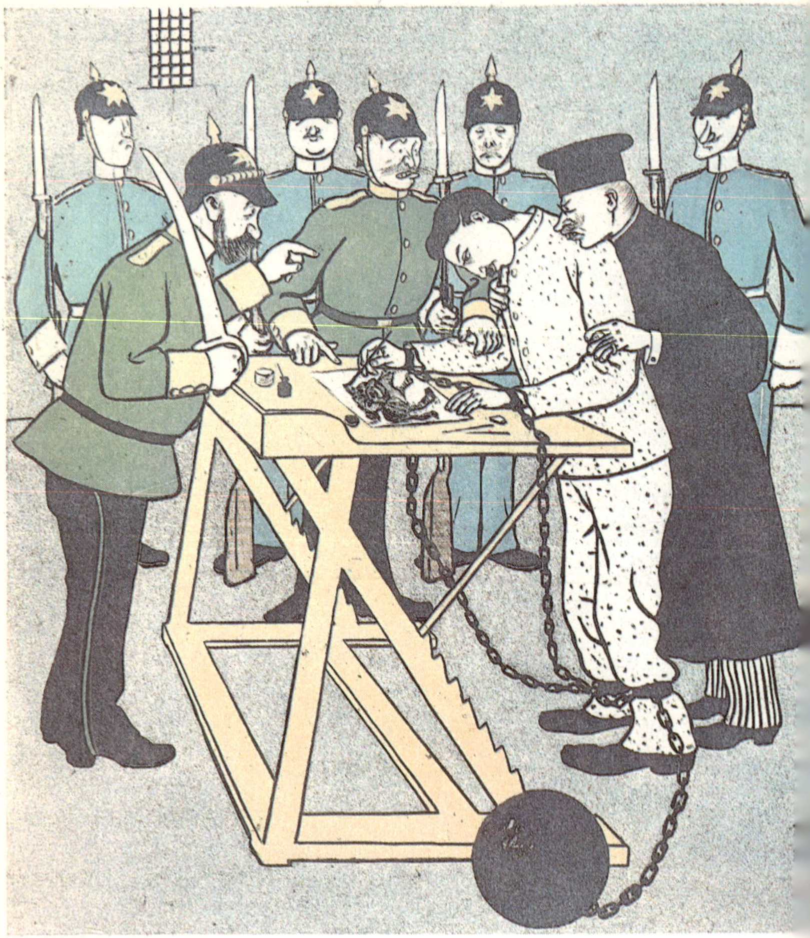

„Ernst ist das Leben, heiter die Kunst.“
(Zeichnung von Th. Th. Heine)

Ein politisch Lied

Von Germanias Ehestand

Groß und gewaltig rollen die Räder der Zeit
Hin über stürzende Trümmer der Endlichkeit,
Über brüchiges Menschenwerk, über starre Leichen;
Kein Schlagbaum senkt sich, der den Pfad verschließt,
Kein kühner Arm greift in die rasenden Speichen,
Der nicht zermalmt, zerrissen den Frevel büßt.
Wer sind die Pferde, wer der Postillon,
Der bei des Hornes gellendem Ton,
Bald drohend ernst, bald jubilierend und munter,
Das wilde Gespann in straffen Zügeln führt? –
Hui – seine Peitsche saust, und jählings galoppiert
Ein halb Jahrhundert über die Welt hinunter. –

Verschüchtert wendet sich des Enkels Blick,
Der nächsten Zukunft Losung zu erfragen,
Nach längstvergangnen märchenhaften Tagen,
Nach seiner Elternväter Zeit zurück:
Sieh da, wie um die kaum erblühte Maid
Der deutschen Einigkeit ein Bursche freit
Von starkem Wuchs, mit Haaren auf den Zähnen:
Hilft nichts, mein Hühnchen, wenn es dir auch graust,
Du sehnst dich ja nach meiner Eisenfaust! –
Von weitem hört man die Kartätschen dröhnen.

Schon war derweil ein großes Werk begonnen;
Wie hoffte jeder auf ein glücklich End!
Zum Strahlenkranz des Landes hellste Sonnen
Geschart im ersten deutschen Parlament!
In aller Herzen stand der Schwur geschrieben,
Nicht fürder mehr zu beugen das Genick,

Wie üppig schwoll in tausend starken Trieben
Der junge Keim der deutschen Republik!

Und während noch vom Kampfe der Gedanken
Des hohen Domes Wölbung widerklang,
Schlug schon der Freier seine scharfen Pranken
In seine Beute, die er fest umschlang.
Ein Reif im Frühling, fiel sein blutig Wüten –
Es fügt die Maid sich schaudernd dem Geschick –
Ein Reif im Frühling auf die ersten Blüten
Am Lebensbaum der deutschen Republik.

Und bis das nächste Jahr ins Land gegangen,
Zerrinnt die letzte Hoffnung in den Sand;
Es schüttelt sich das Volk in Angst und Bangen,
Indes die Besten aus dem Vaterland
Des neuen Lenzes blasse Anemonen
Darniederlegen mit verstörtem Blick
Und der Verbannung düstre Dornenkronen
Aufs junge Grab der deutschen Republik. –
Und nun beginnt für das Bräutchen die Rosenzeit,
Mit dem wonnigen Idealismus hat es ein Ende;
Inbrünstig arbeiten seine gefesselten Hände
An seinem zukünftigen Zwangs- und Hochzeitskleid.

Da lodern zum Himmel plötzlich von Ost nach West
Die Hochzeitsfackeln, es krachen die Kartaunen;
Der ganze Erdenrund, in stummem Erstaunen
Starrt wie gebannt auf das mördrische Freudenfest.
Der Nachbar verliert am Polterabend ein Ohr
Und dankt seinem Schicksal, daß er nicht mehr verlor;
Und mitten unter Trophäen klaffender Wunden,
Das bräutliche Lager durchtränkt von dampfendem Blut,

Hat der gewaltige Bräutigam schließlich geruht
Und sich die glückliche Braut auf Ewigkeit verbunden. –

Als nun das Paar beginnt, sich häuslich einzurichten,
Wie preist sie da in allem seine Wahl!
Dies gute Recht wahrt sich der Herr Gemahl,
Wahrt dafür auch der Frau Gemahlin ihre Pflichten,
Und kurz und gut, mit Wohl und Wehe,
Mit Wochenstube, Spinnrad, Dankgebet
Und öftrer Trinkgelegenheit entsteht
Die echte rechte deutsche Muster-Ehe.
Der Herr Gemahl steigt manchmal auf den Turm
Und läutet zum Vergnügen etwas Sturm. –

Soweit wär alles nun ganz gut gewesen,
Hätt nur die junge Frau nicht plötzlich ein modernes
  Stück
Unter dem Titel: „Das Puppentheater oder Noras
  Eheglück"
Von einem Komödiendichter namens Henrik Ibsen
  gelesen;
Der Herr Gemahl perhorreszierte die Literatur
Im großen ganzen und verwandte sie nur
Zu mehr oder weniger untergeordneten Zwecken,
Die wir nicht nötig haben, hier aufzudecken.
Und so geschah es, daß seine junge Frau
Sich heimlich Bücher verschaffte und dabei natürlich
  genau
Diejenigen Bücher in der Bibliothek entdeckte,
In denen der böse Keim der Empörung steckte.
Noch hofft der Gewalt'ge die Gattin mit einem Appell
An ihre süßen Pflichten zu versöhnen.
Doch was erlebt er! Er muß sich bitter verhöhnen
Lassen; es sprudelt ihr Redequell:

„Ich soll dir meiner Reize Genuß gewähren,
Der Schäferstunde begeistertes Liebesfest,
Um jeden Frühling, den Gott werden läßt,
Dir neue Panzerschiffe zu gebären?!
Für meinen armen geplagten Frauenleib
Ist solch ein Panzerschiff weiß Gott kein Zeitvertreib.
Ich bin wie du ein Geschöpf mit freiem Willen;
Und wenn du Gewalt anwendest, dann werde ich
brüllen!"

– – – Groß und gewaltig rollen die Räder der Zeit
Hin über stürzende Trümmer der Endlichkeit;
Der Enkel wendet verschüchtert seinen Blick
Nach seiner Elternväter Zeit zurück,
Der nächsten Zukunft Losung zu erfragen.
Er sieht die Wogen rings um die Arche schlagen,
Er fragt die Stürme, die die Segel blähen;
Sie wissen selber nicht, wohin sie wehen.
Er fragt die Möwen, die das Schiff umkreisen;
Sie schreien doppelzüngige schrille Weisen –
Und ein Narr wartet auf Antwort ...

Hermann

Silvester

Mein Fenster öffnet sich um Mitternacht,
Die Glocken dröhnen von den Türmen nieder,
Die Berge leuchten rings in Flammenpracht,
Und aus den dunklen Gassen hallen Lieder.
Will mir der Lärm, will mir der blut'ge Schein
Des nahen Völkerkriegs Erwachen deuten? –
Noch ist die Saat nicht reif. Die Glocken läuten
Dem neuen Jahr. – Wird es ein beßres sein?

Ein neues Jahr, in dem mit blassem Neid
Die Habsucht und die Niedertracht sich messen;
Ein neues Jahr, das nach Vernichtung schreit;
Ein neues Jahr, in dem die Welt vergessen,
Daß sie ein Altar dem lebend'gen Licht;
Ein neues Jahr, des dumpfe Truggewalten
Den Adlerflug des Geistes niederhalten;
Ein neues Jahr! – Ein beßres wird es nicht.

Von Goldgier triefend und von Gaunerei,
Die Weltgeschichte, einer feilen Dirne
Vergleichbar, kränzt mit Weinlaub sich die Stirne,
Und aus der Brust wälzt sich ihr Marktgeschrei:
Herbei, ihr Kinder jeglicher Nation;
An Unterhaltung ist bei mir nicht Mangel.
Im Internationalen Tingeltangel,
Geschminkt und frech, tanz ich mir selbst zum Hohn!

Den heil'gen Ernst der menschlichen Geschicke
Wandl' ich zur Posse, daß ihr gellend lacht;
Den Freiheitsdurst'gen brech ich das Genicke,
Damit mein Tempel nicht zusammenkracht.

Ich bin der *Friede*, meine holden Blicke
Besel'gen euch in ew'ger Liebesnacht;
Wärmt euch an mir und schlaft bei meinem Liede
Sanft und behaglich ein; ich bin der Friede!

Drum segne denn auch für das künft'ge Jahr
Gott euren süßen Schlaf. Das Todesröcheln
Des Bruders auf der Freiheit Blutaltar
Verhallt, wenn meine fleisch'gen Lippen lächeln.
Nur wenn der eigne Geldsack in Gefahr,
Dann tanz ich mit den schellenlauten Knöcheln
Sofort Alarm, damit euch eure Schergen
Zu den geraubten neue Schätze bergen.

Warum schuf Gott den Erdball rund, warum
Schuf Kruppsche Eisenwerke er in Essen,
Als daß den Heiden wir mit Christentum
Und Schnaps das Gold aus den Geweiden pressen.
Ein halb Jahrtausend ist das nun schon Mode,
Doch sehr verfeinert hat sich die Methode:
Kauf oder stirb! Wer seines Goldes bar,
Den plagt dann ferner auch kein Missionar.

Ich bin der Friede, meine Schellen läuten,
Sobald des Menschen Herz sich neu belebt,
Und meine Füße, die den Tod bedeuten,
Zerstampfen, was nach Licht und Freiheit strebt.
Ich bin der Friede, und so wahr ich tanze
Auf Gräbern in elektrisch grellem Glanze,
Es fällt zum Opfer mir das künft'ge Jahr,
Wie das geschiedne mir verfallen war! –

So sang die Göttin. Aber Gott sei Dank,
Noch eh sie dirnenhaft von hinnen knickste,

Gewahrt' ich, daß die üpp'ge Diva krank
Und alt, so rot sie sich die Wangen wichste,
Daß schon der Tod ihr selbst die Brust gehöhlt;
Und tausend Bronchien rasselten im Chore:
Der rote Saft sprengt dieses Leichnams Tore,
Eh er noch einmal seine Jahre zählt.

Dann wurden unterird'sche Stimmen laut:
Der Mensch sei nicht zum Knecht vor goldnen Stufen,
Es sei zum Herrscher nicht der Mensch berufen,
Der Mensch sei nur dem Menschen angetraut.
Ein dumpfes Zittern, wie aus Katakomben,
Erschütterte den Boden. Alsogleich
Ward jeden Gastes Antlitz kreidebleich:
Bewahr uns Gott vor Anarchie und Bomben!

Ich aber denke: Eh ein Jahr vergeht,
Vergeht die Kirchhofsruhe. Böse Zeichen
Verkünden einen Krieg, der seinesgleichen
Noch nicht gehabt, solang die Erde steht.
Noch ist die Saat nicht reif, doch wird sie reifen,
Und Habgier gegen Habgier greift zum Schwert;
Es wird der Bruder, seines Bruders wert,
Dem Bruder mörd'risch nach der Kehle greifen. –

Die Glocken sind verhallt, verglommen sind
Die Feuerbrände und verstummt die Lieder;
Die alte, ew'ge, blinde Nacht liegt wieder,
Wie sie nur je auf Erden lag, so blind;
Und doch hängt das Geschick an einem Haar
Und läßt sich doch vom Klügsten nicht ergründen.
Wie werden diese Welt wir wiederfinden,
Wenn wir sie wiederfinden, *übers Jahr*?

Hermann

Reaktion*

Glaubt es mir, ihr treuen Brüder,
Ich begreif es, daß ihr flennt,
Weil ihr heut in mir nicht wieder
Euren alten Freund erkennt.

Statt zu klagen und zu weinen
An der Freiheit lichtem Thron,
Dicht ich heute lieber einen
Hymnus auf die Reaktion.

Laßt das Jammern, es ist kindisch,
Weil ihr in den Wolken schwebt;
Teure Brüder, werdet hündisch,
Weil ihr unter Hunden lebt.

Einen Maulkorb laßt euch reichen
Aus dem stärksten Eisendraht;
Schließt den Bund mit euresgleichen
Für das Flottenseptennat.

* Nachdem die Nr. 40 unseres Blattes von den Berliner Eisenbahnbehörden auf ihren Verkaufsstellen nicht geduldet wurde, ist der Verkauf des „Simplicissimus" soeben durch ministerielle Verfügung überhaupt auf den Berliner Bahnhöfen verboten worden. Den Grund haben wir nicht erfahren können; aber wir gehn wohl nicht irre, wenn wir diese Maßregel als ein Symptom der allgemein herrschenden Reaktion bezeichnen, die ihren Siedepunkt bald erreicht haben dürfte. Wir haben nie Personen angegriffen, sondern uns redlich bemüht, menschliche Schwächen und soziale Schäden aufzudecken und, wie überall anerkannt, in durchaus künstlerischer Weise zu illustrieren. Ein Blatt wie der „Simplicissimus" ist im Grunde keine so schlechte Einrichtung zu nennen, denn es ist in legalen Formen ein Ventil für den Volksunwillen, der sich in ihm am harmlosesten und unschädlichsten Luft macht. Eine Regierung, die eine anständige Opposition und dazu noch eine künstlerisch-humorvolle fürchten muß, steht trotz allem „Bumbum" und „Tamtam" auf schwachen Füßen. Die Redaktion des „Simplicissimus"

Maulkorb, Maulkorb über alles;
Wenn der Maulkorb richtig sitzt,
Wird man immer schlimmstenfalles
Noch als Hofpoet benützt.

Aber glaubt nur nicht, ich rede
Hier von preußischer Dressur!
Nein bei Gott, ich meine jede
So im allgemeinen nur.

Heilig halt ich unser Preußen
Mit der Losung Bum-bum-bum;
Deutschlands Glück zusammenschweißen
Ist sein Evangelium.

Wer das freie Wort nicht ohne
Zittern mehr vernehmen kann,
Stellt sich hinter die Kanone
Und davor den Untertan.

Auf den Preuß'schen Eisenbahnen
Und besonders in Berlin
Fahren fromme Untertanen
Gottesfürchtig her und hin.

Überall zum Butterbrote
Findet jeder ein Glas Bier.
Setzt es manchmal ein paar Tote,
Großer Gott, wer kann dafür!

Denn auf diesen Eisenbahnen,
Wie das offen anerkannt,
Sterben deutsche Untertanen
Ihren Tod fürs Vaterland.

Sparen muß man, wo das Sparen
Keinen Nachteil involviert;
Sei der Mensch zu Tod gefahren,
Oder sei er füsiliert!

Und der Fiskus voll Ergötzen
Klimpert mit dem Resultat –
Plötzlich sieht er mit Entsetzen
Dort ein buntes Zeitungsblatt.

Er erbebt: O Schreck, o Grauen!
Wer hat mir das angetan?
Muß ich solch ein Unheil schauen
Hier auf meiner Eisenbahn!

Oh, dies Blatt ist ein Verderben,
Wie die Welt kein schlimmres hat,
Mag das halbe Deutschland sterben,
Aber konfisziert dies Blatt!

Laßt in Grund und Boden fahren
Alles, was noch Beine hat,
Möge Gott uns nur bewahren
Vor dem bunten Zeitungsblatt,

Das den Teufel führt im Schilde
Und sich weiht dem freien Geist
Und das unser Staatsgebilde
In die tiefste Hölle reißt! –

Sprach's, und alsobald verboten
Ward das Blatt. Das Volk blieb stumm,
Doch es drehten sich die Toten
Sämtlich auf den Gleisen um.

Heil euch nun, ihr Eisenbahnen,
Von dem bunten Blatt befreit,
Das dem Wohl der Untertanen,
Das der Wahrheit sich geweiht.

Deutschland, Deutschland über alles,
Über alles in der Welt.
Perle du des Erdenballes,
Sag mir, wie dir das gefällt?

Hermann

Ein politisch Lied

Geehrter Herr Redakteur! Ich habe mich hienieden
Nunmehr zu dem schwersten Schritt entschieden
Und teile Ihnen diesen schwersten Schritt
Hiemit geziemendermaßen mit.

Um es Ihnen kurz zu vermelden, ich stehe
Nämlich im Begriff, mich zu verehe-
Lichen. Das wird mir unendlich schwer,
Doch bleibt mir, weiß Gott, keine Hoffnung mehr.

In Ansehen, daß sich das politische Artikelschreiben
Ganz unmöglich läßt weiter treiben,
Denn, ich sage es mit traurigem Blick:
Es gibt nämlich keine Politik.

Zwar gibt es große Männer, die darnach streben,
Von einer eventuellen Politik zu leben;
Aber ich sage es mit trübem Gesicht:
Eine Politik gibt es trotzdem nicht.

Nun hat man wohl versucht, sie zu züchten,
Wie man es tut mit anderen Geschichten:
Austern und Hummern und manchem anderen Gericht;
Bei der Politik aber gelang solches nicht.

Nach unten, nach oben, soweit sich die Blicke wagen,
Nichts als Magen- und Verdauungs-Fragen,
Jeder will etwas Angenehmes für seinen Bauch.
Deshalb verheirate ich mich auch.

Ich habe schon daran gedacht, auszuwandern
Nach Österreich, aber es ist wie in andern
Ländern: Prügelei und politisches Geschrei,
Aber keinerlei Politik dabei.

Ob nun die Menschen auf deutsch oder slawisch,
Habgierig denken, reaktionär und sklavisch,
Das bleibt doch völlig einerlei;
Freilich gibt es Grund zu politischem Geschrei.

Indessen im Osten, am Goldenen Horne,
Die Verwickelungen ganz genau von vorne
Dort wieder beginnen, wo sie vor zwei Jahr
Begonnen. Es ist alles genau wie es war.

Zwanzigtausend Menschenleben hingemetzelt,
Damit sich daran Europa erst moralisch entsetzelt,
Sodann sich daran ergetzelt, ruhig zuzusehen
Und nachher der Weltgeschichte eine Nase zu drehen.

Und derweil noch die Opfer ihres Lohnes harren,
Fährt, Gott sei Dank, auf einem wackeligen Karren
Kapitän Dreyfus in die Manege ein –
Welch ein Götter-Anlaß, um politisch zu schrein!

Mittlerweile schlachten drüben auf Cuba
Ganz ohne Posaunenklang und Reklametuba
Sich die Menschen zu Tausenden hin;
Welch Glück für mich, daß ich nicht auf Cuba bin.

Sondern auf Haiti, wo drei Panzerschiffe
Zur Unterstützung der Handelskniffe
Eines Pfeffersackes lagen schußbereit –
Wie es sich da prächtig politisch schreit!

China hat, Gott sei Dank, seine Wunden
Von vor vier Jahren noch gar nicht verbunden,
Deshalb mit Begeistrung drauf und dran!
Wer weiß, ob man nicht noch zum Helden werden kann.

Solche Heldentaten haben nicht etwa zum Zwecke
Die Füllung einiger großer Pfeffersäcke,
Sondern lediglich den Ruhm
Des Vaterlandes sowie auch das Christentum.

Deshalb wird auch den Chinesen geraten,
Als Revanche für derartige Heldentaten
Ihre Arbeiter zu exportieren ins Deutsche Reich;
Wie werden die Sozialisten dann windelweich!

Denn so laut sie auch schreien wollen,
Ist ihr Bauch doch schon mächtig angeschwollen,
Und die sozialistische Politik
Haben die Sozialisten gründlich dick.

Wenn heute wiederum zum heiligen Kriege
Ferdinand Lassalle herniederstiege
Und musterte sein Sozialistenheer,
Er fände seine eigenen Worte nicht mehr;

Nur einen weiß ich auf dem Kontinente,
Der reichte ihm gleich voll Freuden die Hände;
Jedoch verrate ich seinen Namen nicht,
Weil es mir an politischem Mut gebricht.

Ich würde höchstens wagen, ihn anzudeuten,
Doch kann auch das schon Unannehmlichkeiten bereuten,
Und ich sorge vor allem für meinen Bauch,
Deshalb verheirate ich mich jetzt eben auch.

Warum nun dieser eine Freund Lassallen
Ohne weiteres würde in die Arme fallen,
Das hat seinen psychologischen Grund
In beider Charakterähnlichkeiten und

In der Verzweiflung dieser beiden Seelen
Darüber, daß sie beide ihre Wirkung verfehlen,
Denn die Welt ist heute dumpf und stumpf,
Ein Verdauungswerkzeug, ein kopfloser Rumpf.

Eine Größe kann aber nicht gedeihen
Bei Schmerbauchpolitik und parlamentarischem
Schreien,
Sondern nur, wenn noch andere Größen dabei,
Dann schweigt ganz von selbst das Eselsgeschrei.

Doch auf den heutigen Varieté-Bühnen
Erblickt man nur einen vereinsamten Hünen,
Der verzweifelt nach einem Zentnergewicht
Fahndet, doch er findet dasselbe nicht.

Die gemütlichen Zuschauer unterdessen
Vertreiben sich die Zeit mit Saufen und mit Fressen
Und mit Brüllen, im Glauben, sie befänden sich hier
In der Menagerie als interessantes Getier.

Ferdinand Lassalle, ich flehe inständig,
Mach unser Leben doch wiederum lebendig,
Steig hernieder zu dem gewaltigen Matsch,
Dann verstummt doch endlich der politische Quatsch.

Deine Internationale wird zum gemeinen Kaninchen,
Doch harrt deiner ein Hüne, oder wenigstens ein
Hühnchen,

Das deiner würdig; nimm es mit ihm auf,
Sonst hat kein End der trübselige Weltenlauf. –

Geehrter Herr Redakteur, geziemenderweise
Werde ich Sie besuchen auf meiner Hochzeitsreise,
Damit Sie meine liebe junge Frau
Kennenlernen, aber nicht zu genau.

Sie hat nämlich fünfzehntausend Mark Renten,
Deswegen, trotzbietend den Elementen,
Sende ich Ihnen vorläufig den Abschiedsgruß
Von Ihrem alten Hieronymus,

Schwörend, daß ich nicht eher erstehe
Von dem wonnigen Rosenlager der Ehe,
Bis daß ein ebenbürtig Genie
In Kampf tritt mit obenerwähntem Hüh –.

Hieronymus Jobs

Das Schreckgespenst des Herrn von Thielen
(Zeichnung von Bruno Paul)

Wonnetraum eines Flottenschwärmers

Spaltung der Opposition
(Zeichnung von Th. Th. Heine)

Siegeslied

Reich mir, o Muse, rasch mal die Laute her,
Ich muß sie besingen, die neusten Heldentaten,
Sie könnten sonst leicht in Vergessenheit geraten
Beim Publikum, und dann bleibt mir nichts zu besingen
mehr.

Wie sehr beschäftigt sind doch das Heer und die Flotte;
Von früh bis spät, oft bis in die tiefe Nacht
Stehn fleißig sie zur Seite, als treue Wacht,
Dem Frieden und dem chinesischen Staatsbankrotte.

Das kommt, weil plötzlich ein nationaler Gedanke
Das Volk erfaßte; mit elementarer Wucht
Erscholl der Ruf vom Rheine bis an die Panke:
Auf, auf zum Kampf um die Kiautschoubucht!

Und man erobert die Bucht wie Robinson seine Insel,
Ein ganzer Matrose kam ums Leben dabei,
Und es erstirbt der Chinesen kläglich Gewinsel
In tausendstimmigem deutschen Siegesgeschrei.

Das stolze Peking übt nun mittlerweil
Die Hymnen, um den Sieger zu begrüßen;
Demütig wirft sich ihm das Volk zu Füßen:
„Heil dir im Siegerkranz!“ und „Alles-Heil“.

Erschallt aus jedem Munde. Das Jahrhundert
Hat keinen seiner Söhne so bewundert;
Der ganze Erdball staunt zu ihm empor,
Beglückt, daß man ihn nicht im Kampf verlor.

Wann wurde denn auch je ein Held geboren
Im Mittelalter oder im Altertum,
Von dem zu melden wär zu seinem Ruhm,
Daß er nicht eine einzige Schlacht verloren!

Leonidas? – Ich will ihn gar nicht nennen.
Friedrich der Große? – Geh, steck ein dein Schwert.
Napoleon? – Nein; wie die Geschichte lehrt,
Kann man sich nur die Finger dran verbrennen.

Der Sohn des Himmels bereitet einen Empfang,
Wie Asien Alexander einst empfangen,
Und durch die Jahrhunderte wird der Name prangen
Wie jener größre, den einst Homer besang.

Nur eines ist schade und läßt sich kaum begreifen
– Wir leben entschieden in einer großen Zeit –,
Daß sich die großen Helden so schrecklich häufen;
Kaum reicht mehr unsre Gedächtnisfähigkeit.

Doch ohne Furcht! Papier, Erz, Marmelstein
Und Druckerschwärze harren des Winkes gewärtig;
Es ist ein Monument um so rascher fertig,
Je leichter die Dinge geschehen, um groß zu sein.

Ein Platz für das Denkmal wird sich auch wohl finden,
Sonst heben wir den Eroberer unter den Linden
Sanft aus dem Sattel. – Kann ein Atheist
Sich denn beklagen, wenn ihn sein Volk vergißt?

Was aber bedeutet der Einzug ins himmlische Reich
Zur Seite der Rückkehr nach heimischen Gestaden!
In Orgien schwelgen wir von Heer- und Flottenparaden, –
Die Träne quillt, die Herzen werden weich;

Und Reden wird die Welt zu hören bekommen,
Wie unergründlicher sie noch keine vernahm,
Es müßte denn sein, daß der alte Bileam
Schon ähnliche unerforschliche Reden vernommen.

Hermann

Jubel-Hymnus

Auf den preußischen Bahnhöfen zu singen*

Nun klingt ein Trostwort an das Ohr der Toten,
Die auf der Eisenbahn, zerfetzt, zerschunden,
Qualvoll und ruhmlos aus der Welt verschwunden:
„Es ward der *Simplicissimus* verboten,
Zukunft und *Narrenschiff*, drei böse Schriften!" –
Hört ihr das Hohngelächter in den Grüften?
Seht, wie sich Witwen nun und Waisen freuen;
Hört den Beamten Halleluja schreien,
Der, mit der Übermüdung in den Gliedern,
Zum Mörder ward an Schwestern und an Brüdern!
Im Zuchthaus sitzt so mancher, der nicht weiß,
Warum der Zug heraussprang aus dem Gleis.
Jetzt weiß er's. Herr *von Thielen*, dein Dekret
Gibt ihm die Lösung, wenn auch etwas spät.
Kopfschüttelnd reibt der Mann die harten Schwielen
In seiner Hand und murmelt: „Herr *von Thielen*,
Beim allbarmherz'gen Gott, die *Tat* war groß;
Noch fehlt mit leider das Verständnis bloß!" –

Laßt uns hohe Worte sparen,
's ist ja nichts damit erreicht;
Alles läßt sich niederfahren,
Was auf Erden kreucht und fleucht:

Männer, Frauen, Kinder, Greise,
Kühe, Kälber, Jud und Christ –
Stückweis bluten auf dem Gleise
Schaffner, Heizer, Maschinist;

* Der „Simplicissimus" ist neuerdings auf den preußischen Bahnhöfen verboten worden.

Diesem ist der Arm zerschmettert,
Jenem ging das Bein kaputt,
Und der Postbeamte klettert
Kopflos aus dem Trümmerschutt.

's ist ja nichts daran verloren,
Wer noch lebt vom Personal,
Bleibt zum Sündenbock erkoren,
Wird verurteilt allemal.

Ha, wie zeigt sich Herr *von Thielen*
Von des Glückes Gunst verwöhnt:
Mit so muntren Kinderspielen
Sind wir längst schon ausgesöhnt!

Menschen werden immer wieder
Neugeboren und gesäugt,
Doch vor allem fährt man nieder
Den, der nicht den Nacken beugt:

Diesen *Harden*, diesen *Heine*,
Zukunft, Simplicissimus –
Schade, daß man daran seine
Dampfkraft noch vergeuden muß,

Die zu beßrem Zweck erkoren;
Doch man hat mit ihnen schon
Leider zu viel Zeit verloren –
Dem Verdienste wird sein Lohn!

Dein Kollege, Herr *von Bosse*,
Der im Geist das Zepter führt,
Der die schöne Zauberposse
In Berlin hat inszeniert.

Er, der vor dem Dichter *Frenzel*
Bis zur Erde sich verneigt
Und in kläglichem Scherwenzel
Sich als freier Mann gezeigt,

Dieser selbe Herr *von Bosse*,
Dem der Volksschullehrer grollt,
Der dem *Lauff*schen Musenrosse
Huldvollst Anerkennung zollt,

Diese Exzellenz *von Bosse*,
Deutschen Geistes Schutz und Schild,
Ist dein tapfrer Kampfgenosse,
Wo's den Geist zu *morden* gilt.

Alles läßt sich niederfahren,
Alles, was sich frei bewegt,
Und vor allem, was der wahren
Freiheit lichtes Banner trägt! –

Ernst sind die Zeiten; und so glaub ich nun:
Die Herren wissen selbst nicht, was sie tun.
Bösartig sind sie nicht, vielleicht nicht schuldig;
Sie sind Residuen der Vergangenheit,
Für unsre ernsten Tage zu geduldig
Und zu bequem. Es gärt und wogt der Streit
Von *Erbteil* und *Vernunft*, von *Recht* und *Macht*,
Und die ist *dort* nicht, wo ihr euch's gedacht!
Du darfst dem Rad dich nicht entgegenstemmen,
Soll's dir empfindlich nicht die Finger klemmen,
Ob du Minister oder sonst was seist:
Es sinkt das *Staubgewand*, es siegt der *Geist*;
Der erste Frühlingssturm der Zukunft fegt
Euch in den Abgrund, drin sich nichts mehr regt

Und ihr im besten Fall noch als Genuß
Der Kurzweil dient dem „Simplicissimus"!
Wofür *wir* kämpfen, stolz und unverdrossen,
Ist nicht bei *uns*, das steht bei *Gott* beschlossen. –
Rings um den Erdball sprühn des Aufruhrs Fackeln,
Der alten Welt urältste Throne wackeln,
Die Internationalen stehn zu Hauf,
Ein Blitz, und alles geht in Flammen auf –
Indessen sieht man Exzellenz *von Thielen*
Verklärt mit einem neuen Orden spielen.

Hieronymus Jobs

Das Eisenbahnverbot*

Der „Kreuzzeitung“ gewidmet

Wohl birgt das Dasein viel Ach und Weh,
Wohl hat diese Welt ihre Fehler,
Doch wenn ich mein liebes Deutschland beseh,
Dann erscheint es mir täglich fideler.

Die Jungfrau Germania in ihrer Pracht,
Sie hat sich verlobt, wie ich glaube.
Bald wird sie nun unter die Haube gebracht,
Und zwar unter die Pickelhaube.

Einem Schutzmann wird sie angetraut,
Einem strammen Berliner Schutzmann:
Der macht sich die Schönheit der staatlichen Braut
Und ihre Reize zunutz dann.

O Jungfrau, Jungfrau, an seinem Arm.
Wie würdevoll wirst du wandern;
Es verwechselt dich niemand im Völkerschwarm
Dann leicht mehr mit einer andern.

Wenn dreie recht lieb miteinander sind,
Wird es immer dieselbe Geschichte;
Von dem einen kriegt die Jungfrau ein Kind,
Und von dem anderen kriegt sie Gedichte.

Und wird das Kind dann ein frecher Wicht
Voll bissiger Anekdoten,
Dann wird das elegische Liebesgedicht
Als Urquell des Übels verboten.

* Die allein auf den Berliner Bahnhöfen eingebüßten ca. 5000 Exemplare sind bereits durch anderweitige Nachbestellungen in Berlin gedeckt.

Die Redaktion des „Simplicissimus“

Und das Publikum, das hat den Schaden davon,
Und das Publikum, das darf sich mopsen;
Es hungert nach Heines Illustration,
Es lechzt nach Hieronymus Jobsen.

Der knurrende, losgerissene Mops,
Die Schildrung des Proletariates,
Die Elegien des Hieronymus Jobs,
Das sind dann die Schäden des Staates.

Und war denn nicht immer der Lieblingssport,
Der Gewaltigen sehnlichste Neigung,
Die *Steeplechäse* nach dem *freien Wort*
Und das *Schießen* auf *Überzeugung*!?

Es zaubert ein ministerieller Beschluß
Den bösen Geist in die Säue:
Bestraft sei der „Simplicissimus"
Wegen „Mangel an Königstreue",

Wegen „Überreizung der Sinnlichkeit"
Und „Entwürdigung der idealen
Güter des Lebens" – du liebe Zeit,
Das sind wohl die Nationalliberalen!

Bestraft sei das Witzblatt außerdem
Wegen „Verächtlichmachung
Des Patriotismus" – er war so bequem
Als ein Mittel zur völligen Verflachung

Der deutschen Jugend. Die Zeit ist dahin
Der Vergötterung von Viktor Scheffel;
Die Jugend von heute bewundert ihn
Nur noch als den göttlichen Söffel.

Bestraft sei durch ministeriellen Erlaß
Der „Beschützer des Proletariates"!
Wegen „Erregung von Neid und Haß
Unter Angehörigen des Staates". –

Verehrte Herren, so wahr ich die Schlacht
Im offenen Felde nicht scheue:
Ich habe mich niemals schuldig gemacht
Der „Überreizung der Königstreue".

Die Zeit fliegt rasch und die Welt ist weit,
Hier steh ich und warte geduldig:
Ich bedaure den „Mangel an Sinnlichkeit"
Bei Ihnen. – Ich bin nicht schuldig.

Der „Erregung zum Bierpatriotismus" laß
Ich nie und nimmer mich zeihen;
Auch der Verächtlichmachung von Zorn und Haß
Unter deutschen denkenden, freien

Staatsbürgern. Es lehrt die Geschichte der Welt
Und die der heutigen Tage:
Das Neue siegt und das Alte fällt;
Es ist immer die nämliche Frage,

Erst die Frage nach Brot, dann die Frage nach Macht;
Das ist nun der ewige Reigen.
Und wenn der Erdball unter uns kracht,
Wer wird sinken und *wer* wird steigen?

Der amtlich beeidete Schutzmann klagt
Unter seiner Pickelhaube
Über wachsenden Sittenverfall und sagt:
„Nun vorwärts, du alte Schraube!"

Simplicissimus

Zu Heinrich Heines hundertstem Geburtstag

Modell eines Heine-Denkmals

Aegir, Herr der Fluten, verweist die Loreley aus dem Reiche der deutschen Poesie
(Zeichnung von Th. Th. Heine)

Nordwind

„Es weht ein scharfer Wind von Norden, nur gut, daß wir beide feste Knochen haben, sonst könnten wir uns den schönsten Rheumatismus holen.“ (Zeichnung von Bruno Paul)

Bismarcks Höllenfahrt

Und als er drei Wochen dort oben war,
Da sagte er: Nein, meine Lieben,
Das gefällt mir nicht, und ich wünschte sogar,
Ich wäre dort unten geblieben.

Dort unten lebt sich's zwar herzlich schlimm,
Doch lebt sich's hier oben noch schlimmer;
Mich ärgert der unausgesetzte Klimbim
Und der Singsang der Frauenzimmer.

Dafür ist mir wahrhaftig mein Herz zu schwer;
Ich ging, solang ich noch Mensch war,
Auch nicht in Paris in die Folies Bergères
Oder in Berlin in die Frenche Bar.

Du alter Schwede dort an der Tür,
Laß mich lautlos wieder entweichen;
Ich habe zwar gerade kein Trinkgeld bei mir,
Doch bist du ja meinesgleichen. –

Sankt Peter erwidert höflich: „Durchlaucht,
Ich begreife durchaus Ihre Klagen.
Wer den ganzen Tag seine Pfeife raucht,
Dem kann es bei uns nicht behagen.

Die Engelgeschöpfchen sind nicht Ihr Fall,
Drum ging ich an Ihrer Stelle
Hier gleich gegenüber in die Walhall',
Oder ich ginge vielleicht in die Hölle ..."

„Beim Himmel, das läßt sich hören! Ich geh
In die Hölle. Mein guter Sankt Peter,
Du mußt mich empfehlen. Du warst ja von je
Ein gewaltiger Schwerenöter!“

Und als er nun schritt durch das Höllentor,
Sprühten Flammen ihm unter den Füßen;
Laut heulte und jauchzte der Höllenchor,
Den erlauchten Gast zu begrüßen.

Von seinem Throne stieg Luzifer
Und sagte: „Sei herzlich willkommen;
Du lebtest und starbst als ein Reaktionär,
Der gegen den Strom geschwommen.

Das war dein Anfang: Du bandest stracks
Dem deutschen Michel die Hände,
Doch der deutsche Michel brach knacks auf knacks
Seine Fesseln, und das war dein Ende.

Du warst ihm ein Vater besonderer Art;
Du hieltest ihn stets bei den Haaren
Und hast ihn vor allem Guten bewahrt,
Um das Böse ihm zu ersparen.

Die deutsche Einheit, das deutsche Reich,
Das war alles in frohem Gedeihen,
Da schlugst du den Michel erst windelweich,
Von der Freiheit ihn zu befreien.“

Der Fürst erwidert: „Mein lieber Freund,
Ich tat nach meinem Gewissen;
Du weißt nicht, wie manche Nacht ich geweint
In meine einsamen Kissen.

Ich war nur Mensch, und ich bin Pessimist;
Mir bot jene Welt keine Freuden,
Und außerdem bin ich ein strenger Christ,
Das läßt sich nun mal nicht vermeiden.

Der deutsche Michel war, als ich kam,
Ein gespenstiges Fabelwesen;
Die ganze Freiheit, die ich ihm nahm,
War aus Büchern zusammengelesen.

Die Füße, die ich ihm amputiert,
Auf denen konnt er nicht laufen;
Die Einheit, in der er gänzlich vertiert,
War die Einheit im Raufen und Saufen.

Er lag beduselt in Satans Macht;
Und wenn ich ihn tüchtig geprügelt,
So hat das sein Blut in Umlauf gebracht
Und seine Schritte beflügelt.

Ich weiß, o Luzifer, daß du mir grollst,
Der Erbfeind mußte sich trollen,
Und wenn es kommt, wie ich hoffe, so sollst
Du mir noch viel grimmiger grollen.

Doch konnt ich leider vor deinem Gestank
Den Michel nicht gänzlich bewahren,
Drum hab ich denn auch des Teufels Dank
Für all meine Mühe erfahren."

Hermann

Diplomatische Nöte

Noch starrn die Spione, die Attachés,
Noch starrn die entsetzten Gesichter,
Noch starrt auf zu Eis gefrornem Gesäß
Das Diplomatengelichter.

Sie wähnten wohl anfangs das Publikum
Genarrt von cäsarischen Späßen,
Doch nun es besiegelt ward, hocken sie stumm
Auf zu Eis erstarrten Gesäßen.

Der Zar aller Reußen, o Schreck, o Graus,
Diese Perle der Autokraten –
Es wäre bei uns noch ein Irrenhaus
Nicht zu niedrig für den Renegaten.

Wie konnt er vergessen, worauf er sitzt,
Auf dem blutigsten aller Gerüste,
Vergessen, was Leib und was Leben ihm schützt
Gegen seines Volkes Gelüste!

Denkt er des Geschicks seiner Väter denn nicht,
Trotz Kosaken und trotz Strelitzen,
Und wagt noch mit mild verklärtem Gesicht,
Auf dem nämlichen Throne zu sitzen!

So erbarm sich denn Gott, du verblendetes Kind,
Deines kindlich befangenen Verstandes;
Gott sei Dank, daß wir besserer Zuversicht sind
Mit den Herrschern des eigenen Landes. – – –

Noch sind die Gesäße nicht aufgetaut,
Noch belebt nicht die edlen Profile,
Siehe da, aus dem dumpfigsten Dunkel graut
Ein Tag von entsetzlicher Schwüle.

Die Spione, Gesandten und Attachés,
Sie krümmen sich lautlos in Krämpfen
Und suchen umsonst nach dem Riesengefäß,
Um die Schmerzen des Leibes zu dämpfen.

Der Großmeister schnitt sich die Gurgel entzwei,
Schwarzköpfig grault es den andern;
Nun wär's bald am klügsten, man redete frei,
Um nicht gleichfalls zum Teufel zu wandern.

Nun gibt's keine Orden zu pflücken mehr,
Gibt nichts mehr zu fischen im Trüben;
Die Verräter in Freundes- und Feindesheer
Sie verraten sich hüben und drüben.

Spitz keimt aus der Erde der Wahrheit Saat,
Gott lasse sie stark überwintern;
Es bebt der Spion und der Diplomat,
Und sie zucken nervös mit dem Hintern.

Hieronymus

An Kunigunde

Ein politisch Lied

Siehst du's fern dort auf dem Wasser liegen,
Wo der Himmel mit der Flut verschwimmt,
Nebelhaft sich auf und nieder wiegen
Und verschwinden, wenn die Brise kimmt?
Nächstens wächst es bis ins Ungeheure,
Kleiner scheint es dir im Tageslicht.
Das ist Deutschlands Zukunft, meine teure
Kunigunde – oder glaubst du's nicht?

Deutschlands Zukunft, wenn mit den Verwandten
Der Beherrscher nach dem Ausland reist
Und das Zuchthaus jeden wutentbrannten
Deutschen Bürger froh willkommen heißt,
Wenn der deutschen Erde fromme Söhne
Abgestreift der Heimatliebe Wahn,
Dann liegt Deutschlands Zukunft, teure Schöne,
Draußen auf dem stolzen Ozean.

Die Vergangenheit, o welche Schande –
Blick zurück und schaudre, süße Maid –
Die Vergangenheit lag auf dem Lande,
Deutschlands herrliche Vergangenheit.
Von der Weichsel lag sie bis zur Elbe,
Von den Alpen bis zum Nordseestrand;
Gott sei Dank, daß künftig nun dieselbe
Auf dem Wasser liegt statt auf dem Land.

Halb im Wasser wachsen schon die Lilien,
Deren Weiß der Unschuld man vergleicht,
Dann gedeihn auch Kröten und Reptilien
Besser, wenn der Boden etwas feucht.
Dank der eingebornen Herrschertreue
Kehrt sich die Natur oft völlig um,
Und es wird der anfangs wasserscheue
Deutsche schließlich zum Amphibium.

Die Vergangenheit lag auf dem Lande,
Wie die Zukunft auf dem Wasser liegt;
Deutschland ist bekanntlich auch imstande,
Daß es oben in den Wolken fliegt.
Leider trägt der Himmel keine Zinsen,
Doch man fühlt sich dort so wundersam
Von der Welt bestaunt. Und in die Binsen
Geht ja schließlich doch der ganze Kram.

Wieder sind im Werden große Dinge,
Wie sie größer nie ein Hirn gebar.
Zieh gen Osten, holder Schatz, und bringe
Schleunigst deine Menschenwürde dar.
Hörst du nicht schon festliches Geläute,
Spürst du nicht den starken Weihrauchduft,
Und du fragst noch, Kind, was das bedeute? –
Deutschlands Gegenwart liegt in der Luft.

Hieronymus

Meerfahrt

Es blickt vom schimmernden, schwanken
Verdeck ein Superintendent,
Umgaukelt von süßen Gedanken,
Ins schäumende Element.

Er lauscht auf der Nixen Gekicher
In des Mittags glitzerndem Schein,
Und schien sich noch niemals so sicher
In Gottes Obhut zu sein.

Wie die Tage so fröhlich verrinnen,
Wie die Stunden geflügelt entfliehn;
Er kann sich kaum mehr entsinnen,
Wie er abfuhr von Berlin.

In Wien noch glotzt er beklommen
Aus dem Eisenbahnkupee;
Das war ein Entgegenkommen
Ohne Vivat und ohne Juchhe.

Doch schon in dem alten Venedig
Hub an die glückselige Zeit;
Da war man, des Bangens ledig,
Von düstren Gedanken befreit.

Lieb Vaterland wurde gesungen,
Magst ruhig sein, es geht uns nicht schlecht.
Die Fürsten standen umschlungen,
Die Begeistrung im Volke war echt.

Doch wie dann am Goldenen Horne
Der Salut der Geschütze erscholl,
Und aus unerschöpflichem Borne
Die Freude des Daseins quoll,

Wenn der Dichter das schildern könnte,
Dann würde der Leser nicht satt,
Doch genügt es dem Superintendente,
Daß er es genossen hat. –

Wie in seligem Selbstgeflüster
Noch vertieft steht der fromme Mann,
Tritt lautlos der Staatsminister
Kopfschüttelnd an ihn heran:

„Mann Gottes, mir ist miserabel;
Mein Herz ist mir schrecklich schwer.
Ich spüre beständig den Kabel
Tief unten im Mittelmeer.

Das Schiff gleitet lustig darüber
Hinweg zum Heiligen Land,
Doch der Kabel da unten, mein Lieber,
Der scheint mir zu straff gespannt.

Da staun sich Millionen von Volten
Bedenklicher Elektrizität.
Ich glaube, mein Lieber, wir sollten
Umkehren, bevor es zu spät.

Was hilft es mir, wenn man fabelt
Von schmackhaftem geistigem Brot;
Erst vorgestern wurde gekabelt
Von Teuerung und Hungersnot."

Der Pastor will eben erwidern,
Es sei alles in Gottes Hut,
Da zuckt ihm in sämtlichen Gliedern
Ein Ruck, und es starrt ihm das Blut.

Die beiden Männer erbleichen,
Das Schiff ist wie festgebannt;
Als könnte die Hand es erreichen,
Winkt fern schon das Heilige Land.

Nun schnaufen die mächtigen Schlote
Wie ein doppelter Vesuv,
Das Schiff liegt wie eine Tote,
Dem Pastor entringt sich der Ruf:

„Oh, diese gefahrvolle Reise,
Was soll sie den Völkern bloß!"
Der Staatsminister seufzt leise:
„Es ist eine Schraube los."

Hieronymus

Traum eines Majestätsbeleidigers

(Zeichnung von Th. Th. Heine)

Palästina

Gottfried von Bouillon: „Lach nicht so dreckig, Barbarossa! *Unsere* Kreuzzüge hatten doch eigentlich auch keinen Zweck."
(Zeichnung von Th. Th. Heine)

Im Heiligen Land

Der König David steigt aus seinem Grabe,
Greift nach der Harfe, schlägt die Augen ein
Und preist den Herrn, daß er die Ehre habe,
Dem Herrn der Völker einen Psalm zu weihn.
Wie einst zu Abisags von Sunem Tagen
Hört wieder man ihn wild die Saiten schlagen,
Indes sein hehres Preis- und Siegeslied
Wie Sturmesbrausen nach dem Meere zieht.

Willkommen, Fürst, in meines Landes Grenzen,
Willkommen mit dem holden Ehgemahl,
Mit Geistlichkeit, Lakaien, Exzellenzen
Und Polizeibeamten ohne Zahl.
Es freuen rings sich die histor'schen Orte
Seit vielen Wochen schon auf deine Worte,
Und es vergrößert ihre Sehnsuchtspein
Der heiße Wunsch, photographiert zu sein.

Ist denn nicht deine Herrschaft auch so weise,
Daß du dein Land getrost verlassen kannst?
Nicht jeder Herrscher wagt sich auf die Reise
Ins alte Kanaan. Du aber fandst,
Du seist zu Hause momentan entbehrlich;
Der Augenblick ist völlig ungefährlich;
Und wer sein Land so klug wie du regiert,
Weiß immer schon im voraus, was passiert.

Es wird die rote Internationale,
Die einst so wild und ungebärdig war,
Versöhnen sich beim sanften Liebesmahle
Mit der Agrarier sanftgemuten Schar.

Frankreich wird seinen Dreyfus froh empfangen,
Als wär auch er zum Heil'gen Land gegangen.
In Peking wird kein Kaiser mehr vermißt,
Und Ruhe hält sogar der Anarchist.

So sei uns denn noch einmal hoch willkommen
Und laß dir unsere tiefste Ehrfurcht weihn,
Der du die Schmach vom Heil'gen Land genommen,
Von dir bisher noch nicht besucht zu sein.
Mit Stolz erfüllst du Millionen Christen;
Wie wird von nun an Golgatha sich brüsten,
Das einst vernahm das letzte Wort vom Kreuz
Und heute nun das erste deinerseits.

Der Menschheit Durst nach Taten läßt sich stillen,
Doch nach Bewundrung ist ihr Durst enorm.
Der du ihr beide Durste zu erfüllen
Vermagst, sei's in der Tropenuniform,
Sei es in Seemannstracht, im Purpurkleide,
Im Rokoko-Kostüm aus starrer Seide,
Sei es im Jagdrock oder Sportgewand,
Willkommen, teurer Fürst, im Heil'gen Land!

Hieronymus

An die öffentliche Meinung

Laß, Kassandra, deine dumpfen Unkenrufe
Und entrunzle deine gramgefurchte Stirn.
Deiner Schwermut tiefe Danaiden-Kufe,
Ach, entwässert nie dein feuchtes Grübelhirn!
Ewig, ewig sucht der Kreislauf deiner Tränen,
Sucht vergebens ewig des Vergessens Meer.
Hin und wieder nur bezeugt ein langes Gähnen,
Daß der Augen Borne sich nach Schlummer sehnen –
Schlummre, Unglücksgöttin! Gräme dich nicht mehr!

Ach, dein Klagelied – das weiß ja jeder Esel,
Der die Gegend kennt – dein hehres Klagelied
Stirbt bei eines Richters schneidigem Genäsel
Wie der Abendhauch, der durch die Blätter zieht.
Hoffst du Großes durch dein Winseln zu erreichen?
Bringst du deinem teuren Vaterland Gewinn?
Sieh im Zuchthaus die entnervten, sterbensbleichen
Märtyrergestalten durch die Zellen schleichen –
Dort, o Unglücksgöttin, dort gehörst du hin!

Denn der Zufall, der der Welt Geschicke leitet,
Dieser Zufall ist ein wetterwendisch Kind,
Ob der Zufall stolz auf dem Trakehner reitet,
Ob des Kriegs Galeeren seine Träger sind,
Nimmer laß, o Unglücksgöttin, dich gelüsten,
Blindem Zufall siegesfroh zu widerstehn.
Wenn wir selber unser Los zu leiten wüßten,
Wären fromme Türken wir statt wilde Christen –
Gäb es, Unglücksgöttin, dann ein Wiedersehn?!

Deutschland schütze gnädigst Gott vor der Verpestung,
Durch die Gärung deines Geistes rings verpufft.
Deutschlands „Zukunft“ sitzt bekanntlich auf der
Festung;
Ach, sie atmet nicht mehr freie Himmelsluft! – –
In der Dämmrung gestern ward mir die Erscheinung,
Daß der frömmste Pilger keuchend zu mir trat:
„Rasch, mein Herr, wo wohnt die *öffentliche Meinung*?“ –
„Nirgends!“ sagt ich ihm in würdiger Verneinung,
Als der Mann um deines Hauses Nummer bat.

Öffentlich, das war's, wonach der Pilger lechzte;
Daß du *Meinung* bist, das galt ihm keinen Deut.
Und wie rauh auch deine Priesterstimme krächzte,
Gleich dem Märtyrer, der nach Erlösung schreit,
Seiner Lust ward deine Notwehr nicht zur Klippe.
Doch schon birgt die Schande nicht mehr das Korsett,
Und du trittst, ein *unheilschwangeres* Gerippe,
Zwischen schäumenden Champagnerkelch und – *Lippe*,
Fordernd dein dir angestammtes Wochenbett.

Laß, Kassandra, drum die dunklen Unkenrufe,
Kommst du nieder doch auch ohne Wehgeheul!
Heut stehst hoffentlich du auf der tiefsten Stufe,
Deinem Bändiger sowie dir selbst ein Greul.
Wenn die Not des Magens erst dich angetastet,
Ist der Kreislauf deiner Tränen rasch verstopft.
Bist du deiner dumpfen Bürde erst entlastet,
Schwillt dir auch der Muskeln Kraft, die lang gerastet,
Und das Herz in jugendlichen Rhythmen klopft!

Kaspar Hauser

Neujahrslied

Germania, dir bringt zum neuen Jahr
Dein treues Kind die frömmsten Wünsche dar:

Auf unsre Freundschaft leer ich mit dem *Zaren*,
Beglückt den vollen Becher Walfischtran.
Gott der Allmächt'ge möge uns bewahren
Vor *Sklavendemut* und vor Größenwahn!
Es übertöne unsres Ruhms Fanfaren
Mit schrillen Pfiffen nicht der Untertan!
Und unsrer Taten sachliche Erwähnung
Sei nicht von selbst schon bitterste Verhöhnung!

Germania, es werde deinen Kindern
Im künft'gen Jahre nicht vor Hunger schwach.
Der Reichstag schenke dir an Vierzigpfündern,
Was noch vonnöten ist zum Böllerkrach.
Ich werde brünstig auch zum Himmel beten,
Daß nicht auf Deutschlands Universitäten
Justitias stramme Zucht von Menschenschindern
Zu Volkstribunen werde nach und nach.

Germania, dir lallt dein frommes Kind
Nur Wünsche, die zu deinem Besten sind.

Es sei im künft'gen Jahre kein Verbrechen
Für Christen – und das sind wir in der Tat –
Von Christo und von Christi Grab zu sprechen
Sowie vom Photographenapparat.
Ist's nicht genug, daß wir begeistert blechen,
Sei's für ein Palästinaseptennat? –
Ich möchte damit ja nicht im speziellen,
Im allgemeinen nur die Frage stellen.

Klug wär es, teure Mutter, dich zu nähern
Dem kräft'gen Bastard Nordamerika.
Ein Rattenheer von Schachern, Pharisäern
Sät Zwietracht zwischen Stiefkind und Mama.
Es wird sich zwar so pomphaft das Verhalten
Wie mit dem Türkenherrscher nicht gestalten;
Jedoch dir weist die Stimme der Natur,
Geliebte Mutter, deutlich diese Spur.

Ungläubig hörst du auf mein kindisch Lallen? –
Die Weltausstellung rauscht so rasch dahin. –
Reklame wird dir aus Paris erschallen;
Germania, was hast du des Gewinn?
Die Tigrin schärft im stillen ihre Krallen
Und lauert nur, bis ich umnebelt bin;
Fürst Bismarck kehrt sich um im Sarkophage:
„Sein oder Nichtsein, das ist jetzt die Frage!"

Ich falte, Mutter, brünstig meine Hände
Und fleh zum Himmel, bin ich gleich noch jung:
Die Zeit des Zweifels und des Wirrsals ende,
Und auch die Zeit der Selbstverhimmelung!
Es sei im künft'gen Jahre dir beschieden
Nicht nur der äußre, auch der innre Frieden:
Und nicht im Zuchthaus finde Todesruh,
Wer seiner Mühen Lohn begehrt – wie du!

Nimm, Mutter, gnädigst diese Wünsche hin
Und woll' mich drob nicht zücht'gen, denn ich bin,
Germania, mit kindlich-keuschem Kuß
Dein treuer Sohn:

Der Simplicissimus

Die schöne Helena

Eine Elegie

Helena, du hast mich nicht verstanden;
Ach, das raubt mir meinen letzten Mut.
Aus der Politik verhaßten Banden
Sucht ich Trost in deiner Sinne Glut.
Soll ich ewig mich um *Lippe* scheren?
Weilt der Herrscher in Berlin nicht längst?
Und du klagst mir unter heißen Zähren,
Daß du hoffnungsfroh an Dreyfus hängst!

Dreyfus! – Deutschland kann ihn ja erlösen;
Mit Erfolg kann Deutschland das allein.
Rochefort seufzt: „Es sei zu schön gewesen!"
Cavaignac: „Es hat nicht sollen sein!"
Aber was gewinnt der deutsche Handel,
Was die deutsche Industrie dabei?
Helena, dein schlechter Lebenswandel
Treibt dich in hyster'sche Raserei.

Ist es nicht Europas größte Schande,
Daß *Luccheni* Wein zu trinken hat?
Welcher preuß'sche Lehrer auf dem Lande
Ißt sich jemals an Kartoffeln satt!
Und der Anarchist in seinem Loche
Schwelgt wie im Schlaraffenland in Genf;
Fleisch bekommt er zweimal in der Woche
Und zum Fleisch eventuell noch Senf!

Helena, du kennst doch *Philippine*,
Die sich mit Amerika vermählt?
Wiederum der Sieg der Dampfmaschine

Über den, der Menschenhände quält!
Deine Hände, Helena, gehören
Nur dem Frondienst meiner Liebe an;
Allerdings befürcht ich, sie gewähren
Gleiche Gunst dem braven Muselmann!

Kreta, das in lichten Flammen brannte,
Ihm erstand kein ritterlicher Held.
Endlich ward ihm eine Gouvernante,
Und der Gouvernante Taschengeld.
Vier Gevatterinnen halten Wache
Für den Fall, daß ihre Kleider naß;
Sie versammeln sich bei jedem Krache
Erst beim Pulver-, dann beim Butterfaß.

Neulich hat der Reichstag sich versammelt,
Ach, er weiß sogar, zu welchem Zweck!
Vieles wird verheißungsvoll gestammelt,
Er zieht dann den Karren aus dem Dreck.
Helena, du ahnst nicht, welche Öde
Sich im Parlamentarismus zeigt;
Jeder hört nur seine eigne Rede
Und ist glücklich, wenn der andre schweigt.

Laß mich, Helena, nicht länger wimmern;
Schweig und gib mir endlich einen Kuß!
Daß man bei euch süßen Frauenzimmern
Immer noch auf *Seele* stoßen muß.
Such ich doch die Seele auszurasten,
Deiner Schönheit höchste Majestät,
Hoffend, daß der alte Rumpelkasten
Dieser Welt derweil zum Teufel geht.

Kaspar Hauser

Fromme Wünsche

Die *Krämerseelen*, die gleich einem Alp
Des Volkes pochend Herz in Ängsten halten,
Andächtig kniend vor dem Goldnen Kalb,
Erdrosselnd, was sich freudig will entfalten,
Gefeit wie Porphyr gegen das Geschoß
Des heil'gen Geists und seine Siegesflammen
Erstickend mit dem Hunger als Genoß,
Sie möge Gott verfluchen und verdammen!

Die *feilen Streber*, die den Dirnen gleich
Dem Mächt'gen ihr Unsterbliches verschachern,
Vor Unterwürfigkeit und Demut bleich
Vor staatlich offiziellen Seligmachern,
Und harte Drücker, wo ein schlichter Mann
Des freien Hirns Gedanken wagt zu denken,
Sie möge Gott, wenn es geschehen kann,
In des Vergessens Dunkel jäh versenken!

Die *schneid'gen Laffen*, die sich vollgesaugt
Auf bierbesoffnen Universitäten
Mit dummem Hochmut, welcher einzig taugt,
Um Freigebornen auf den Kopf zu treten,
Philisterseelen, niedre Torenbrut,
Das Biergesicht zerschunden auf Mensuren –
Lohn ihnen Gott nicht ihr verspritztes Blut!
Er überlaß das füglich ihren ... Weibern!

Die *strengen Herren*, denen Spiel und Lust
Es dünkt, im Menschenantlitz Qual zu schauen,
Als Richter werfen sie sich in die Brust,
Und ihre Kunst verbreitet Angst und Grauen;

Es kommt kein Kind so unschuldsvoll zur Welt,
Daß ihm nicht gleich ein Zuchthaus offenstände –
Mach, güt'ger Gott, der schweren Not ein Ende,
Die deiner Schöpfung Lebensgunst vergällt!

Die *eitlen Götzen*, die der großen Schar
Das wahre reine Tageslicht verdecken
Und denen die betörten Menschen gar
In abergläubischer Furcht die Füße lecken,
Sie sollen fallen! Kommen soll einmal
Ein lebend starker Gott in Sturm und Wettern
Und soll der Menschheit angestammte Qual
Mit diesen Götzen in den Staub zerschmettern.

Hermann

Aus den Böhmischen Wäldern

I

Verehrte Frau Redaktion!
Indem ich meine neue Adresse
Ihnen zu übermitteln hiermit nicht vergesse,
Sende ich auch mein getreues Konterfei,
Aber nicht für eine hohe Polizei, anbei.

Es haben nämlich einige wackre Gesinnungsgenossen
Endgültig diese Welt zu verbessern beschlossen;
Und meine Adresse lautet von nun an:
An den gefürchteten Räuberhauptmann

Hieronymo Jobsio, in den Böhmischen Wäldern. –
Da es nun nicht fehlt an nötigen Geldern,
Bitte mir mein übliches Honorar
Nun nicht mehr zuzuschicken in bar,

Sondern in abgelegten Offizieren und Musketen,
Die uns Ihr verehrter Kriegsminister wird abtreten;
Und wir ersuchen Sie, zu diesem Behuf
In Ihrer Zeitung zu erlassen einen Aufruf:

Universitätsprofessoren, Ex-Kanzler und kleinere Fürsten,
So nach einem angemessenen Wirkungskreise dürsten,
Verhungerte Schulmeister, Angestellte der Privatpost
Finden Beschäftigung, Logis und Kost;

Ingleichen Damen aus höheren und höchsten Kreisen,
Die gerne auf Vergnügungsreisen entgleisen,
Müde des eheherrlichen Gegrunz und Ehebunds,
Finden die herzlichste Aufnahme bei uns. –

Hinwieder werden wir uns stets beehren,
Sie zu versehen mit benötigten Sitzredakteuren,
Weil in diesem geschätzten Artikel man
Nie genug auf Lager haben kann.

Geehrter Herr Sitzredakteur, ich ergreife
Die günstige Gelegenheit gerne beim Schweife,
Um Ihnen mein Weltverbesserungsprogramm
Auseinanderzusetzen: Seit Urvater Adam

Teilen sich die Bewohner dieser Erden
In solche, die prügeln, und solche, die geprügelt
werden.
Von jetzt ab aber prügelt jeder, was er kann. –
Meine andere Weltverbesserung lautet alsdann:

Ausgetilgt sind auf Erden alle Grenzen
Zwischen sogenannten Nationen, denn sie sollen
sich ergänzen. –
Meine dritte Weltverbesserung heißt:
Herrscher sei der entfesselte souveräne Geist!

„Ich schwärme für Spezialitäten, aber nicht für
Altertümer!"
Sagte mir einmal ein galantes Frauenzimmer.
Ebenso huldigt der moderne Mensch
Nicht den Altertümern, sondern der Intelligensch.

Geehrter Herr Sitzredakteur! Ich hätte
In der Berliner Universität am schwarzen Brette
Gerne diesen Aufruf, denn ein Karl Moor
Schlummert in manchem Universitätsprofessor.

Manche von ihnen sind zwar ziemliche Kriecher,
Doch ist der Herausgeber der Preußischen Jahrbücher,
Verfolgt von Köller, Bosse und ihrer Brut,
Für die süße Reichsmetropole zu gut.

Verehrte Frau Redaktion! Der ehemalige Nachtwächter,
Spätere Pastor und gegenwärtige Menschenschlächter,
Zu rächen die Greuel der Inquisition,
Ritter der Finsternis, des urewigen Erdgeistes Sohn,

Entbietet Dir hiermit aus den Wäldern Böhmens
Kollegialen Gruß. Das *Delirium tremens*
Lockert unserer Feinde geschlossenen Waffenring,
Ehe ich meine Terzerole noch zum Schießen bring.

Mögen sie blindlings mit giftigen Klauen dreinhauen.
Unser ist ein unerschütterliches Gottvertrauen,
In welchem ich zeichne, meines neuen Berufes froh,
Ihr ergebenster Räuberhauptmann
Hieronymo Jobsio

Aus den Böhmischen Wäldern

II

Geehrter Herr Schriftleiter!
Ich ergreife die Feder
Und schreibe Ihnen unter dem heutigen entweder
Wieder ein neues politisches Gedicht,
Oder ich schreibe dasselbe nicht.

Es bleibt mir nämlich mit dem besten Willen,
Keine dritte Möglichkeit zu erfüllen;
Daher das eine oder das andere zu tun,
Kann ich leider nicht umhuhn.

Während man in Berlin Delbrücken in den Karzer
Schickt, erteilt man in Wien den Grillparzer-
Preis zum zweitenmal dem Dichter Hauptmann.
Was ist denn Überraschendes daran?

In Berlin wird auf den Dichter Hauptmann verzichtet,
Denn man hat einen wirklichen Hauptmann, der dichtet;
Während der mit dem Vornamen Gerhart
Zum Militärdienst nicht zugelassen ward.

Das zeigt sich in seiner poetischen Gestaltung:
Seinen Helden fehlt jede schneidige Haltung;
Weder Kollega Crampton noch der junge Vockerat
Legen die Hand an die Hosennaht.

Was soll aber bei so respektwidrigen Gebärden
Aus unserer deutschen Dichtung werden?
Dasselbe was vor hundert Jahren ward;
Damals sang zum Beispiel ein gewisser Schubart:

„Es ist die Hand herabgefault zum Knochen,
Die einst mit starrem Federzug
Den Weisen, der am Thron zu laut gesprochen,
In eherne Fesseln schlug!“

Gott möge nun unsere fürstlichen Hände
Gnädigst behüten vor einem ähnlichen Ende.
Was aber ein richtiger Weiser ist, der schnauft
Im Kerker besser, als wenn er frei herumlauft. –

Ich hatte die Ehre, geehrter Herr Schriftleiter,
Ihnen als Ihr politischer Mitarbeiter
Mitzuteilen in meinem letzten Brief,
Daß ich eine Räuberbande ins Leben rief.

Ich habe mich nun mit meinen Genossen beraten
Zur Gründung einer Hochschule für Diplomaten,
In welcher sich fachmännischer Unterricht
Mit praktischen Übungen verflicht.

Es rechnet dabei unsere geschätzte Bande
Auf einen starken Zuspruch aus dem Auslande,
Wogegen für Zöglinge deutscher Nationalität
Enorme Preisermäßigung besteht.

Der Unterricht in Militär- und Marinevorlagen
Wird von einem ehemaligen Bankdirektor vorgetragen,
Bei dem die Phantasie dermaßen überwog,
Daß er sich aus dem Geschäftsleben zurückzog.

Nicht besser erging es unserem Dozenten
Für Verfassungsbrüche und Kronprätendenten;
Er war in der Friedrichstraße in Berlin
So gut wie verlobt, aber seine Braut betrog ihn.

Hingegen wird das Kolleg über Gesandtschaftswesen
Von einem pensionierten Lockspitzel gelesen;
Der Mann ist allerdings noch jung,
Hat aber große Welterfahrung.

Einen phänomenalen Säufer und Fresser
Mästen wir für Agrikultur als Professor,
Weil dieser Gelehrte vorzüglich düngt,
Wie denn auch seine Rede schon stinkt.

Über Zollpolitik und soziale Fragen
Wagen wir allesamt etwas vorzutragen,
Weil hierin der Räuber von Beruf
Wahre Musterinstitutionen schuf.

Ganz ohne Zweifel ist aber die Perle
In dieser Gesellschaft kreuzbraver Kerle
Unser Professor für geistige Angelegenheit,
Geradezu ein Unikum von Borniertheit,

Trefflich bewandert in höfischen Sitten
Und in Disziplinarverfahren beritten;
Wie ein Rhinozeros reitet er prompt
Nieder, was ihm geistig in den Weg kommt.

Gott möge ihm sein schönes Leben auf Erden
Gütigst erhalten, damit er kann werden,
Wenn unser lieber Herr von Bosse geht,
Minister der deutschen Intellektualität.

Ich habe Ihnen, geehrter Herr Schriftleiter,
Unter dem heutigen Datum weiter
Nichts mitzuteilen und verbleibe dann
Ihr ergebener

Hieronymo Jobsio, Räuberhauptmann

Des Dichters Klage

Schwer ist's heute, ein Gedicht zu machen,
Darum läßt man es am besten sein;
Wenn die Menschen wirklich drüber lachen,
Sperrt man den Verfasser meistens ein;
Wenn sie sich jedoch in Tränen winden,
Dann verhungert schließlich der Poet,
Deshalb wird man es begreiflich finden,
Daß die Poesie zugrunde geht.

Niemand weiß die Freiheit so zu schätzen
Wie der Dichter oder Redakteur;
Wenn sie ihn in das Gefängnis setzen,
Schreibt er manchmal überhaupt nichts mehr.
Statt in die Geschichte der Kalifen
Oder in die Dame, die er liebt,
Seine schöne Seele zu vertiefen,
Fängt er Fliegen, wenn es welche gibt.

Ließe sich die Allmacht doch erweichen,
Die den Menschen mit dem Fluch bedacht,
Daß er immer über seinesgleichen
Witze, Dramen und Novellen macht!
Zählt die Zuchthaus-Jahre man zusammen,
Die von lyrischen Gedichten her
Und von ähnlichen Verbrechen stammen,
Ein Jahrtausend gibt es ungefähr!

In der Politik, das muß man sagen,
Geht ja freilich alles wie geschmiert:
Unsre Größe liegt der Welt im Magen,
Und damit man gänzlich nicht vertiert,

Bleiben Schweine dauernd ausgeschlossen,
Weil man ohnehin genug versaut. –
Fröhlich schnarchen Mirbach und Genossen
Wie vorzeiten auf der Bärenhaut.

Schade nur, daß wir nicht vorgeschritten
In der Politik wie Rußland sind;
Unsre Leute muß man immer bitten,
Bis man ihnen etwas abgewinnt.
Dort hingegen braucht man nur zu sagen:
Liebe Kinder, macht die Börse breit,
Sonst wird euch der Kopf vom Rumpf geschlagen! –
Käm es endlich auch bei uns soweit!

War nicht Bismarck doch ein arger Stümper,
Daß er stets dagegen sich gesträubt?
Wolle Gott, daß nichts von seiner zimper-
Lichen Staatsraison am Leben bleibt!
Nichts als Nörgler hat er uns geschaffen,
Von dem kindlichsten Vertrauen voll;
Dabei stritt er sich sogar mit Pfaffen!
Ist ein solcher Mensch nicht grauenvoll?

Doch ich weiß uns Rat aus der Bedrängnis:
Laßt den Reichstags-Kasten nur in ein
Majestäts-Beleidigungs-Gefängnis
Umgebaut und umgewandelt sein,
Dann sind wir erlöst von allem Bösen;
Tierisch vegetiert des Volkes Sinn,
Und ich bleibe, wie ich stets gewesen,
Ihr devoter Dichter

Benjamin

An eine angehende Lehrerin

Schöne Martha, die ich einstens liebte,
Warum lieb ich heute dich nicht mehr?
Was den Einklang unsrer Seelen trübte
Zu ergründen, ist weiß Gott nicht schwer!
Du bist furchtbar philiströs geworden,
Während mir im Kampf die Zeit verrinnt;
Und noch trag ich leider keinen Orden,
Der mir deine Achtung abgewinnt.

Früh verzagend hast du dich entschlossen
Zum Besuch des Töchterseminars,
Glaubend, ich verzettle mich in Possen,
Und der bittre Kampf des Lebens war's.
Aber wenn ich heute wiederkomme:
Martha, reich mir deine schlanke Hand!
Ach, dann glotzt mich an das kindlich-fromme
Antlitz ohne menschlichen Verstand.

Hast du dich nicht einst von selbst erboten,
Mir zu folgen als Haushälterin?
Ach, dein Seelenschwung ging mit den Toten,
Ging mit manchem wackren Freund dahin!
Was hat dir das Leben noch gelassen?
Eine Quittung für versäumte Lust
Auf verschiedene Spar- und Alterskassen,
Aber nichts in eines Menschen Brust.

Lehrerin willst auf dem Dorf du werden,
Die ich einst zur Kaiserin erkürt;
Hirtin unvernünft'ger Kinderherden,
Die das Leben siegreich dir entführt.

Neidest du nicht deinem letzten Schüler,
Daß, bestraftest du ihn noch so oft,
Seine Brunst vielleicht schon heute kühler,
Als die deine je zu werden hofft!

Deiner Glieder Pracht, sie war einst prächtig,
Für Trikots geschaffen wie von Gott.
Heute mutet sie mich mitternächtig
An wie eines grauen Ibsens Spott.
Nebelhaft vom Gürtel bis zum Fuße,
Nur die Knochen deutlich wie beim Gaul,
Und die Lider, hängen sie vor Buße,
Hängen sie vor Schläfrigkeit so faul?

Alles, was dich schmückte, ist vergessen,
Ausgebildet ist allein dein Geist,
Und durch nichts mehr ist dir auszupressen
Das Geständnis, daß du Mädchen seist.
Weiber gibt es, die als Weib sich geben,
Zehnmal häufiger als Gott bestimmt;
Glaub mir, daß in ihrem Sündenleben
Doch ein Funke noch der Allmacht glimmt.

Komm heraus aus deiner Geistesfeste
Und verlaß dein düstres Seminar!
Für die Weiblichkeit bleibt doch das Beste,
Was am Weib dazu geschaffen war.
Gib es nicht zum Trocknen wie die Pflanzen,
Die du still in dein Herbarium preßt,
Sondern laß den süßen Kobold tanzen,
Wie ein gütiger Gott ihn tanzen läßt.

Müller von Bückeburg

Der Deutsch-Amerikanische Handelsvertrag

Geehrtes Fräulein Schriftleitung!
Ich besitze
Außer einem schon lang verbrauchten Witze
Und einem bedeutenden Mangel an Geld,
Der mit wahrhaft deutscher Treue zu mir hält,

Für politische Begebenheiten und Taten
Weit mehr noch als unsere großen Diplomaten
Eine ganz eminente Verständnislosigkeit,
Welche lauter denn je nach Betätigung schreit.

Deshalb bitte ich, Ew. Jungfräulichkeit möge geruhen,
Mir recht viel Geld in meinen Beutel zu tuen
Und mich zu entsenden nach Amerika,
Denn es erwachsen uns jetzt große Vorteile da.

Mit dem reichsten amerikanischen Schweineschlächter
Schließe ich dann als geborner politischer Nachtwächter –
Einen Handelsvertrag ab, nach dessen erstem Artikul
Er mir seine Tochter gibt zum ehelichen Gemuhl.

Paragraph zwei: Der Nachdruck deutscher Autoren
Bleibt den Amerikanern auch künftighin unverloren,
Wogegen ein Bild, das in Deutschland gemalt,
In Amerika dreihundert Prozent Eingangszoll bezahlt.

Paragraph drei: Hat einer amerikanisches Bürgerrecht erworben,
Dann behält er solches so lange, bis er gestorben,
Ausgenommen, daß er deutscher Abkunft sei;
Dann ist es mit dem Bürgerrecht schon vorher vorbei.

Paragraph vier: Politische Verbrecher werden gegenseitig
Ausgeliefert. Für Deutschland bedeutet das unstreitig
Einen enormen Vorteil, weil der amerikanische Mann
Politisch gar nicht zum Verbrecher werden kann.

Dagegen bestimmt Artikel fünf: Den deutschen
  Aufsichtsräten
Hilft Amerika aus allen Nöten und Schwulitäten.
Deutschland jedoch übernimmt eine solche Pflicht
Gegenüber den amerikanischen Aufsichtsräten nicht.

Vielmehr schickt es den Amerikaner, der in die Kassa
  gegriffen,
Auf einem Panzerkreuzer, eskortiert von einigen
  Schlachtschiffen,
Nachdem er per Zwischendeck herüberfuhr,
Wieder nach den Vereinigten Staaten retour.

Das gleichzeitige Einkassieren von Schulden
Braucht Amerika jedoch nicht zu erdulden,
Sondern man bezahlt seine Schulden an Deutschland
  überhaupt
Nur, wenn es der Präsident in Washington erlaubt.

Nun aber kommt der wichtigste der Paragraphen:
Deutschland verbietet bei den schwersten Strafen,
Daß sich irgend jemand in dieser Welt
Für einen Deutsch-Amerikaner hält,

Und ahndet es als ein schlimmes Verbrechen,
Wenn Deutsche in Amerika ihre Muttersprache sprechen.
Dagegen bleibt für Amerika die Vergünstigung bestehen,
Daß es hierüber läßt Gnade für Recht ergehen.

Eine Ausnahme jedoch gilt in dem seltenen Falle,
Daß ein deutscher Fürst nach Amerika walle.
Dann darf jeder deutsch-amerikanische Turnverein
Untertänigst absingen die Wacht am Rhein.

Verehrtes Fräulein Schriftleitung! Mit diesem Vertrage
Wird dann Deutschland mit einem Schlage
In bezug auf Anarchistenriecherei und Polizeispion
In Amerika die meistbegünstigte Nation.

Versehen Sie mich deshalb in möglichster Bälde
Für meine Amerikafahrt mit dem nötigen Gelde.
Dann ersterbe ich vor Ihnen in Anbetung,
O Sie hochgeehrtes Fräulein Schriftleitung.

Ich bitte Sie auch ja nicht zu vergessen,
Daß ich seit drei Tagen nichts Warmes gegessen,
Außer einem kleinen Königsberger Klops –
Hochachtungsvollst und ergebenst

Hieronymus Jobs

ZU UNSERER AUSGABE

Der erste Teil unserer Ausgabe enthält die 1920 im Drei Masken Verlag Berlin erschienene und seither nicht wieder publizierte umfassende Sammlung der „Lautenlieder" Frank Wedekinds in ihrer Einheit von Noten und Text.

Über die Schwierigkeiten der damaligen Edition schrieb der Herausgeber Artur Kutscher: „Im Frühling 1917 entschloß Frank Wedekind sich zur Durcharbeitung und Zusammenstellung seiner wichtigsten Lieder ... Er gliederte seinen Bestand selber in Verse mit ‚eigenen' und solche mit ‚fremden Melodien'. An Vorarbeiten ist ein Verzeichnis der Titel enthalten und eine druckfertige Handschrift.

Beide decken sich insofern nicht, als das Titelverzeichnis einundzwanzig eigene Melodien enthält und die im Entstehen begriffene Handschrift achtzehn, und zwar nicht ganz die gleichen. Insgesamt bezeichnet er als ‚eigene' fünfundzwanzig, die zusammenzubringen natürlich unser erstes Ziel sein mußte. Es gelang, sie alle herzustellen, sechs nach älteren Notenmanuskripten und eines – ‚Sieh die taufrische Maid' – nach der Erinnerung ... An ‚fremden Melodien' enthielt das Titelverzeichnis zwölf, die hier weniger vorgeschrittene Handschrift acht. Auf demselben Wege wie bei den eigenen Melodien, nur mit öfterer Heranziehung der musikalischen Erinnerung fanden wir zehn Melodien und Texte; bei ‚Seit gestern morgen ist's vorbei' und ‚Ave Maria' waren alle Bemühungen um die Melodie bisher vergeblich. Dem Wunsche des Dichters entsprechend veröffentlichen wir sie hier trotzdem.

Außer diesen vom Verfasser bestimmten Gruppen fanden wir aber in seinen jüngeren Notenheften noch vierzehn Lieder, die wir als ‚nachgelassene Lieder' aufgenommen haben, ohne entscheiden zu können, ob es sich dabei um eigene oder um fremde Melodien handelt. Die Vermutung liegt allerdings nahe, daß es eigene Melodien sind. ‚Behauptung' ist Manuskript, die anderen finden sich in der Gedichtausgabe; der ‚Chorus der Elendenkirchweih' steht mit Melodie in dem Drama ‚König Nicolo'."

Die Noten dieser „Lautenlieder"-Ausgabe von 1920 sind von Hans Richard Weinhöppel (genannt Hannes Ruch) bearbeitet worden. Er schrieb dazu: „Bei meiner Bearbeitung der Wedekindlieder für Gitarre-Begleitung diente mir eine genaue Aufzeichnung der Melodie nebst einer sehr einfach gehaltenen Bezifferung der Harmonie. Rhythmus und Begleitungsform waren in keiner Weise präzisiert. Ich mußte mich hier auf mein Gedächtnis verlassen und konnte feststellen, daß Wedekinds Aufzeichnung nicht immer mit seinem Vortrag im Einklang stand. Gewisse Änderungen wurden dadurch unerläßlich: Ich habe dabei größte Pietät walten lassen!

An Stellen, wo die Bezifferung unklar war, schlug ich den nächstliegenden Weg ein. Wedekind benützte mit Vorliebe einen Zweivierteltakt, der aber, nach seiner eigenen Vortragsweise, besser als Viervierteltakt notiert werden mußte ..." Die Fußnoten Weinhöppels wurden in unserer Ausgabe übernommen.

Der damaligen Edition wurden von uns zwei Titel hinzugefügt: das frühe Gedicht „Der goldene Mittelweg", das Wedekind 1905 unter dem Titel „Das Lied vom gehorsamen Mägdlein" in seine Lyriksammlung „Die vier Jahreszeiten" aufnahm und das nach Kutschers Angaben zur Melodie von „Am grünen Strand der Spree" vorgetragen wurde, und die „Schriftstellerhymne" aus dem Drama „Franziska" (1912).

Die „Simplicissimus"-Gedichte erschienen – mit Ausnahme von „Meerfahrt" – in der von uns gegebenen Folge im „Simplicissimus“ Jg. 2 (1897/98), Nr. 17, 18, 19, 20, 31, 35, 36, 40, 42, 43, 50; Jg. 3 (1898/99), Nr. 19, 20, 22, 26, 29, 31, 38, 40, 41, 43, 44, 49, 50, 51; Jg. 6 (1901/02), Nr. 48. Das für den „Simplicissimus“ geschriebene, von der Zensur verbotene Gedicht „Meerfahrt“ wurde in den Gesammelten Werken von 1924 den „Simplicissimus“-Gedichten zugeordnet. Zu einigen Gedichten hat die Redaktion des „Simplicissimus“ Fußnoten gemacht, die wir teilweise übernommen haben, um die Unmittelbarkeit der Zeitschriftenatmosphäre zu erhalten. Die Untertitel der Gedichte sind von Wedekind.

Unsere Textfassungen folgen bei den „Lautenliedern“ der Ausgabe von 1920; nur eindeutige Fehler wurden nach den Gesammelten Werken von 1924 korrigiert. Die Untertitel zu den Gedichten „Die neue Communion“, „Die Ernährungsballade“, „Ahasver“, „Ella Belling“ sind Zweittitel, unter denen Wedekind diese Lieder auch vortrug. Bei den „Simplicissimus“-Gedichten folgen wir dem Druck in den Gesammelten Werken; in einigen Passagen wurde der Druck im „Simplicissimus“ zugrunde gelegt. Besonderheiten der Interpunktion wurden beibehalten.

ANMERKUNGEN

53 *Mary I.* – Mary Irber; während der Münchener Brettl-Zeit Wedekinds die Brettl-Diva des „Intimen Theaters“, der erste Vamp-Typ des deutschen Kabaretts.
Venus duplex Amathusia – (lat.) zweifach Venus Amathusia. Nach einem Heiligtum in der cyprischen Küstenstadt Amathus hatte die Liebesgöttin den Beinamen „Amathusia“.

55 *Ich war ein Kind...* – In der ursprünglichen Fassung von „Ilse“ lautet die erste Zeile: „Ich war ein Kind von vierzehn Jahren“; die zweite Strophe lautet:

Er nahm mich um den Leib und lachte
Und flüsterte: Es tut nicht weh –
Und dabei schob er sachte, sachte
Mein Unterröckchen in die Höh'.

65 *Fil d'Ecosse* – (franz.) Schottisches Garn.

79 *Ahasver* – Ursprünglicher Titel des Gedichts: „Sommer 1898“. Wedekind benutzt die Variante der Legende, nach welcher der Schuhmacher Ahasverus bis zum Jüngsten Gericht zum ewigen Erdenwandel (Ewiger Jude) verdammt ist, weil er Jesus auf seinem Wege nach Golgatha nicht vor seinem Hause ausruhen ließ; mit Jesus wird hier satirisch Wilhelm II. gleichgesetzt, dessen pompöse Orientreise (Oktober 1898) einen neuen Abschnitt der wirtschaftlichen und kolonialen Expansionspolitik des deutschen Imperialismus einleitete; vgl. auch die Gedichte „König David“ / „Im Heiligen Land“ und „Meerfahrt“.

91 *Kiautschau* – Kiautschou; vgl. Anmerkung zu S. 269.

111 *König David* – Ursprünglich unter dem Titel „Im Heiligen Land“ im „Simplicissimus“ erschienen (vgl. die Fassung auf S. 293 f. und die Anmerkung zu S. 293). David war der dritte und mächtigste König von Israel (um 1010–971 v. u. Z.). Zur Zeit der schönen Dirne *Abisag von Sunem* war er schon ein alter Mann; er gilt als Verfasser der meisten Psalmen.

113 *Dreyfus* – Die Affäre um den jüdischen Artilleriehauptmann Alfred Dreyfus hatte sich seit 1898 (Zolas Brief vom 13. Januar 1898 an den Präsidenten der Republik: „J'Accuse...!“) zu einer die ganze Nation bewegenden Auseinandersetzung

zwischen der nationalistisch-klerikalen, antisemitischen Militärpartei und den radikalen Republikanern zugespitzt.

117 *dicke Berta* – Soldatenausdruck für ein von Krupp entwickeltes schweres Artilleriegeschütz.

139 *„Franziska"* – Wedekinds „modernes Mysterium in fünf Akten" erschien 1912.

145 *Fußeln* – Mundartlicher Ausdruck für: die Füße eilig beim Tanz bewegen.

152 *Gebet einer Jungfrau* – Im Erstdruck in Karl Kraus' Zeitschrift „Die Fackel" (9.6.1905) steht „Ave Melitta" statt „Ave Maria" bzw. „Ave Maria! Gratisa plena!" Mylitta ist der griechische Name der babylonischen Fruchtbarkeits- und Liebesgöttin Ischtar.

155 *Ella Belling* – Mitglied des Zirkus Herzog; über dessen Auftreten (Zürich 1887) schrieb Wedekind begeistert mehrere Artikel („Zirkusgedanken" u.a.). Die Melodie des Liedes stammt von Leo Fall.

163 *Parodie und Satire* – Wedekind spielt hier auf drei seiner Dramen an: „Der Marquis von Keith", „König Nicolo oder So ist das Leben" und „Karl Hetmann, der Zwergriese" (Hidalla).

164 *Eysoldt, Durieux, Orska* – Gertrud Eysoldt, Tilla Durieux und Maria Orska waren berühmte Schauspielerinnen, die in München und Berlin in Frank Wedekinds Stücken auftraten.

183 *Berta Maria* – Berthe Marie Denk, Freundin Wedekinds im Jahre 1905; ihr ist die Gedichtsammlung des Jahres 1905 („Die vier Jahreszeiten") gewidmet.

Gräfin Potocka – Sophie Potocki, geb. de Witt (1766–1822); ihr Porträt, von Anton Graff gemalt, sah Wedekind vermutlich in Berlin.

195 *Carmen bucolicon* – (lat./griech.) Idyllisches (Hirten-)Lied.

211 *„Franziska"* – Siehe Anmerkung zu S. 139.

217 *Anonymus aus Berlin* – Die Fiktion vom „Anonymus" – eine Vorsichtsmaßnahme gegenüber der Zensur – wurde auch in den nächsten Gedichten durch weitere redaktionelle Anmerkungen aufrechterhalten und in den Gedichten selbst ironisch benutzt (vgl. S. 227): „Teure Frau Redaktion, nie sollst du mich befragen ..."). Die Pseudonyme sind:

Hieronymus Jobs – Held des von Carl Arnold Kortum (1745–1824) veröffentlichten „komischen Romans in Knüttelversen“: „Leben, Meinungen und Taten von Hieronymus, dem Kandidaten...“ (Erster Teil, 1784; der Titel der letzten zu Kortums Lebzeiten 1823 veröffentlichten Ausgabe lautet: „Die Jobsiade. Ein grotesk-komisches Heldengedicht in drei Teilen von D. C. A. K....“)

217 *Hermann* – Arminius (17 v. u. Z.–21 u. Z.), aus dem cheruskischen Gentiladel, führte den germanischen Befreiungskampf gegen die römische Fremdherrschaft; die Schlacht im Teutoburger Wald (9 u. Z.) ist nach ihm benannt worden; am Ende des 19. Jahrhunderts wird diese bedeutende historische Persönlichkeit im nationalistischen und chauvinistischen Sinne glorifiziert; von Wedekind mehr im allgemeinen Sinne als „Befreier“ aufgefaßt.

Kaspar Hauser – Rätselhafter Findling, der 1828 im Alter von sechzehn Jahren in Nürnberg auftauchte; in den mehr als tausend literarischen und publizistischen Gestaltungen der Kaspar-Hauser-Legenden dominiert neben dem anfänglichen Dümmlings- und Findlings-Motiv das kritischere Motiv des gefangenen Prinzen, der Opfer dynastischer Kämpfe und der Kirche wird, früh bereits findet sich auch das im 20. Jahrhundert vornehmlich rezipierte Thema von der „Trägheit des Herzens“ gegenüber dem einsamen, unschuldig geopferten Menschen.

Benjamin – (hebr.) „Sohn der Rechten, Glückssohn“; Name des jüngsten Sohnes Jakobs; heute Bezeichnung für den jüngsten Sohn. Einen Brief vom 7. 1. 1899 an Beate Heine unterzeichnet Wedekind mit „Benjamin“ und fügt hinzu, daß er diesen offensichtlich von Beate Heine erhaltenen Namen „nächstens als Pseudonym im Simpl. akzeptieren“ wird.

Müller von Bückeburg – Die Anspielung in diesem Pseudonym ist nicht ganz aufzuschlüsseln. Satirische Wortspiele mit dem Wort *„Lippe“* in fast gleichzeitig entstehenden Gedichten (vgl. S. 296, 299) und das „Hie Reuß, hie Bückeburg“ (S. 246) weisen lediglich auf einen geschichtlichen Hintergrund des Pseudonyms: Bückeburg war die winzige Residenz-„Stadt“ des Fürstentums Schaumburg-Lippe, das damals in einen für die Nachwirkungen deutscher Kleinstaaterei charakteristischen erbärmlichen Thronfolgestreit verwickelt war, den das Dresdener Schiedsgericht vom 22. 6. 1897 zumindest offiziell beendete. Da dieses seit 1895 währende „Ereignis“ zeitweise heftige Pressefehden hervorrief, besaß das Pseudonym damals wohl ausreichende satirische Attraktivität. „Bückeburg“ ist für Wedekind das Sinnbild für ein kleinliches Philisterium; auch die Molly Griesinger im „Marquis von Keith“ stammt aus „Bückeburg“.

217 *Hereinbrechende Ministerkrise* – Im Juni/Juli 1897 wurde eine schwere innenpolitische Krise der herrschenden Klassen durch einen „Systemwechsel“, durch den Rechtsruck der „Sammlungspolitik“ gelöst. *Fürst zu Hohenlohe-Schillingsfürst* (vgl. S. 220) blieb zwar noch bis 1900 Reichskanzler und preußischer Ministerpräsident, aber weitgehend entmachtet; die Minister bzw. Staatssekretäre Hollmann, Boetticher, Bieberstein u.a. wurden durch Tirpitz, Posadowsky-Wehner, Bülow u.a. ersetzt (vgl. S. 234). Wortführer der „Sammlungspolitik“, in der das reaktionäre Klassenbündnis zwischen Großbourgeoisie und Junkertum gefestigt wurde, war der in den „Simplicissimus“-Gedichten häufig erwähnte einflußreiche preußische Vizekanzler und Finanzminister *Johannes von Miquel* (1828–1901), als ehemaliges Mitglied des „Bundes der Kommunisten“ (Wedekind: „sozialdemokratischen Karnickel“, vgl. S. 219) Renegat der Arbeiterbewegung, Nationalliberaler, dann Freikonservativer; Direktor der Disconto-Gesellschaft.

218 *von Bosse* – Robert von Bosse (1832–1901), Staatssekretär des Reichsjustizamtes 1891–1901, preußischer Kulturminister 1892–1899.

220 *Vereinsnovelle* – Die Novelle zum Vereins- und Versammlungsgesetz, im preußischen Landtag am 13.5.1897 vorgelegt, wurde durch sozialdemokratische Massenversammlungen gegen dieses „kleine Sozialistengesetz“, auch durch bürgerlich-liberale Proteste am 24.7.1897 zu Fall gebracht.

221 *Schmoller, Delbrück und Genossen* – Gustav Schmoller (1838 bis 1917), Mitbegründer des „Vereins für Sozialpolitik“, und Hans Delbrück (1848–1929) (vgl. Anmerkung zu S. 305) vertraten eine liberale Politik gegenüber der Arbeiterklasse, um sie mit dem Staat zu versöhnen.

222 *Baronin Suttner* – Bertha von Suttner (1843–1914), Repräsentantin und Organisatorin der bürgerlich-pazifistischen Friedensbewegung (Wedekind: „internationale Friedensliga“); seit 1893 war sie Präsidentin der Wiener Friedensgesell-

schaft, dann auch Vizepräsidentin des internationalen Friedensbüros in Bern; ihr pazifistischer Roman „Die Waffen nieder“ (1889) wurde ein Welterfolg.

222 *Auf Kuba, auf Kreta und am Goldenen Horn* – Seit 1895 war auf Kuba eine vom USA-Imperialismus unterstützte Aufstandsbewegung gegen die spanische Kolonialherrschaft im Gange, die zum spanisch-amerikanischen Krieg von 1898, dem ersten imperialistischen Krieg, führte. – 1896 unterstützte Griechenland den kretischen Aufstand; im Krieg gegen die Türkei erlitten die Griechen eine blutige Niederlage; Kreta erhob sich 1898 erneut und erhielt schließlich die von den europäischen Großmächten garantierte Autonomie. – Goldenes Horn ist die Bezeichnung für das Hafengebiet von Istanbul.

224 *Herr von Stumm* – Karl-Ferdinand Freiherr von Stumm-Halberg (1836–1901), Großindustrieller, Mitbegründer und Führer der Deutschen Reichspartei; die „Ära Stumm“ (1894 bis 1897/98) ist die letzte Etappe des endgültigen Übergangs zur imperialistischen Innen- und Außenpolitik.

die alte Matrone ... – England, die „alte Matrone“, hatte vor rund fünfzig Jahren („ein halbes Centenarium“) mit der Annexion des Pandschab (1849) seine Kolonialisierung in Indien abgeschlossen.

225 *Hohe Pforte* – Bezeichnung für den Hof des Sultans in Istanbul.

227 *Nenne mir, o Muse, diejenige Partei ...* – Satirische Verwendung der Anfangsverse aus Homers „Ilias“. Die Strophen behandeln nacheinander die (Deutsch)Konservative Partei, die Deutsche Reichspartei, das katholische Zentrum („Ultramontane“), die Nationalliberale Partei, die von *Eugen Richter* geführte Freisinnige Volkspartei und die Sozialdemokratische Partei.

229 *Julius Wolff* – Julius Wolff (1834–1910), bürgerlicher Modeschriftsteller.

Habemus Papam – (lat.) Wir haben einen Papst; die Einleitungsformel, mit welcher der Kardinaldiakon von der Gran-Loggia der Peterskirche herab dem römischen Volk den Namen des neugewählten Papstes verkündet.

230 *Non possumus* – (lat.) Wir können es nicht [lassen, daß wir nicht reden sollten, was wir gesehen und gehört haben.] Aus der Apostelgeschichte des Lukas 4, 20.

230 *Videant Consules* – (lat.) Die Konsuln mögen zusehen, [daß der Staat keinen Schaden nehme.] Formel, mit der den römischen Konsuln in Zeiten höchster Gefahr die uneingeschränkte Regierungsgewalt übertragen wurde.
Friedrichsruh – Wohnsitz des ehemaligen deutschen Reichskanzlers Otto von Bismarck.
231 *Hieronymus Mosse* – Rudolf Mosse (1843–1920), jüdischer Zeitungsmonopolist; er besaß u. a. das „Berliner Tageblatt", die „Berliner Morgenzeitung" und eine riesige „Annoncen-Expedition".
233 *Goldene Hundertzehn* – Berliner Großkaufhaus.
234 *Plötzensee* – Strafanstalt im ehemaligen preußischen Regierungsbezirk Potsdam.
235 *Leckert-Lützow-Skandal* – Prozeß vor dem I. Berliner Landgericht Anfang Dezember 1896 gegen Leckert und Lützow, zwei Polizeiagenten; er führte auch zur Verhaftung des Leiters der 3. Abteilung der Berliner Politischen Polizei, „persona gratissima" bei Wilhelm II. Der Prozeß war Ausdruck der Kämpfe zwischen den „Staatsstreichpolitikern" und „gemäßigteren" Gruppen der herrschenden Klassen (vgl. letzte Anmerkung zu S. 217).
die drei Männer im feurigen Ofen – Sadrach, Resach und Abed-Nego, die Nebukadnezar in den „feurigen Ofen" warf, da sie ein von ihm errichtetes goldenes Bild nicht anbeten wollten. Das Feuer konnte ihnen aber nichts anhaben.
237 *babylonische Gefangenschaft* – Zwangsweise Aussiedlung der Juden Jerusalems (597 und 586 v. u. Z.) durch Nebukadnezar.
„Laokoon" – Ironisch gegen die Zensur gerichtete Anspielung auf Lessings grundlegende ästhetische Schrift „Laokoon oder Über die Grenzen der Malerei und Poesie" (1766).
238 *Wildenbruch* – Ernst von Wildenbruch (1845–1909) gehörte zu den offiziell geförderten epigonalen Dramatikern. Er glorifizierte in chauvinistischen „Heldenliedern" und „vaterländischen" Geschichtsdramen das Kaiserreich, besonders die Hohenzollern-Dynastie (mit der er verwandt war).
240 *das neue Reichstagsgebäude* – Die Schlußsteinlegung war am 5. 12. 1894; als erster Gesetzentwurf wurde im neuen Reichstagsgebäude von der Regierung die antidemokratische und antisozialistische „Umsturzvorlage" eingebracht.

242 *Paulskirche* – Wedekind gibt mit der Paulskirche, dem Sitz der Nationalversammlung 1848/49, sein Gegenbild zum „neuen Reichstagsgebäude“.

244 *beim Wassermann oder beim Wedekinde* – Wortspiel mit Namen von Sternbildern und Schriftstellern; Jakob Wassermann (1873–1934), bürgerlicher humanistischer Schriftsteller, war seit 1896 ständiger Mitarbeiter des „Simplicissimus“.

245 *Ein politisch Lied. Von der deutschen Flotte* – Seit 1895/96 rückte mit der unmittelbaren Vorbereitung der imperialistischen Weltmachtpolitik auch der Flottenbau ins Zentrum innenpolitischer Kämpfe; noch am 18. 3. 1897 stimmte die Reichstagsmajorität für die Streichungen der Budgetkommission gegenüber den sprunghaft angestiegenen Marineforderungen, am 28. 3. 1898 jedoch wurde das erste Tirpitzsche Flottengesetz angenommen. Der am 30. 4. 1898 gegründete Deutsche Flottenverein wurde mit über einer Million Mitglieder die größte Massenorganisation des deutschen Vorkriegsimperialismus (vgl. auch das Gedicht „An Kunigunde“).

246 *Ruhe ist des Bürgers erste Pflicht* – „Jetzt ist Ruhe die erste Bürgerpflicht“, verkündete u. a. ein Aushang des Ministers von der Schulenburg am 17. 10. 1806, nach der verlorenen Schlacht von Jena. Durch Willibald Alexis' Roman „Ruhe ist die erste Bürgerpflicht“ wurde dieser Satz zum geflügelten Wort.

Jägerwäsche – Gustav Jäger (1832–1917), Verfechter einer Bekleidungsreform („Die Normalkleidung als Gesundheitsschutz“, 1880), die nur Wollkleidung als Normalkleidung betrachtete.

247 *Die vor Paris und um Sadová fochten ...* – Anspielung auf die Kriege Preußens von 1866 – Sadová war am 3. 7. 1866 in der Schlacht bei Königgrätz Kampfzentrum – und 1870/71.

251 *Von Germanias Ehestand* – Der „Gatte“ ist Otto von Bismarck. Vgl. auch S. 245 („Messias“) und S. 281 („Bismarcks Höllenfahrt“).

254 *Und ein Narr wartet auf Antwort* – Mit der gleichen Verszeile endet Heinrich Heines Gedicht „Fragen“, in dem ein „Jüngling-Mann“, ebenfalls vergeblich, das Meer nach den „Rätseln des Lebens“ befragt.

264 *China hat ...* – Vgl. Anmerkung zu S. 269

265 *Ferdinand Lassalle* – Ferdinand Lassalles (1825–1864) pseudosozialistische Auffassungen waren zu dieser Zeit durch

praktische Erfahrungen (Sozialistengesetz) in der Arbeiterbewegung weitgehend überwunden, wenn auch die Persönlichkeit Lassalles noch verehrt wurde; es ist charakteristisch für Wedekinds politisches Wissen über die Arbeiterbewegung, daß er in ihm den einzigen Heros der Arbeiterbewegung sieht.

269 *Siegeslied* – Am 6.3.1898 wurde die Okkupation der Bucht von Kiautschou, die im November 1897 erfolgt war, durch einen deutsch-chinesischen Vertrag sanktioniert; daraufhin brach in Deutschland ein chauvinistischer Taumel los.

271 *Bileam* – Heidnischer Zauberer aus dem hebräischen Sagenkreis. Er wird von Balak, dem König von Moub gerufen, um Israel zu verfluchen, aber von Jahve gezwungen, es jährlich zu segnen.

272 *Auf den preußischen Bahnhöfen zu singen* – Das Vertriebsverbot der Zeitschriften *„Simplicissimus"*, *„Die Zukunft"* (seit 1892 von Maximilian Harden herausgegeben) und *„Narrenschiff"* unterzeichnete *Karl von Thielen* (1832–1906), von 1891 bis 1902 preußischer Minister für öffentliche Arbeiten.

274 *Dichter Frenzel* – Karl Frenzel (1827–1914), Feuilletonredakteur der Nationalzeitung, Romancier und Essayist.
Lauffschen Musenrosse – Joseph Lauff (1855–1933), nach zwanzigjähriger Offizierslaufbahn Dramaturg der Kgl. Schauspiele in Wiesbaden; er schrieb Epen, Romane, Hohenzollern-Dramen.

276 *„Kreuzzeitung"* – Die Neue Preußische Zeitung (gegr. 1848), nach dem Eisernen Kreuz am Kopf der Zeitung Kreuzzeitung genannt; sie galt als das Organ der preußischen Hochkonservativen.

277 *Der knurrende, losgerissene Mops* – Vom berühmtesten „Simplicissimus"-Zeichner Thomas Theodor Heine entworfenes Sinnbild des „Simplicissimus": der losgerissene, angreiferische „rote" Hund.
Viktor Scheffel – Josef Viktor Scheffel (1826–1886), populärer bürgerlicher Schriftsteller des Nachmärz, besonders bekannt durch die Verserzählung „Der Trompeter von Säckingen", den historischen Roman „Ekkehard" und seine sinnenfrohen Studentenlieder.

281 *Bismarcks Höllenfahrt* – Otto von Bismarck starb am 30. Juli 1898 in Friedrichsruh.

293 *Im Heiligen Land* – Dieses Gedicht war neben „Meerfahrt“ das wichtigste Beweisstück im Majestätsbeleidigungsprozeß gegen Wedekind; Wedekind hatte sich Anfang Juni 1899 der Untersuchungskommission in Leipzig gestellt, wurde zu Gefängnis, dann zu der milderen Festungshaft verurteilt, die er vom 21.9.1899 bis zum 3.3.1900 auf dem Königstein absaß. Den Stoff der Satire bildet die Orientreise Wilhelms II.; vgl. auch die Anmerkungen zu S. 79 und 111.

295 *Kassandra* – Nach der griechischen Sage Tochter des Priamos. Sie prophezeite den Untergang Trojas, ihr wurde aber nicht geglaubt.

296 *Lippe* – Vgl. sechste Anmerkung zu S. 217.

299 *Rochefort* – Henri-Victor de Rochefort-Luçay engagierte sich als Publizist im Dreyfus-Prozeß. Godefroy *Cavaignac* war während der Dreyfus-Affäre vom 28.6. bis 5.9.1898 Kriegsminister.

Luccheni – Luigi Luccheni, anarchistischer Einzelgänger, hatte am 10.9.1898 in Genf die Kaiserin von Österreich-Ungarn, Elisabeth, erdolcht.

Philippine – Im Friedensvertrag nach dem spanisch-amerikanischen Krieg, am 10.12.1898 in Paris unterzeichnet, erhielten die USA u.a. die Philippinen.

300 *Kreta* – Vgl. zweite Anmerkung zu S. 222.

305 *Herausgeber der Preußischen Jahrbücher* – Hans Delbrück, Mitherausgeber der Preußischen Jahrbücher, freikonservativer Politiker und Historiker (vgl. Anmerkung zu S. 221), wurde von den extremen Reaktionären wie dem preußischen Innenminister *Ernst Matthias von Köller* mehrfach angegriffen; im „Karzer“ (S. 306) hat Delbrück allerdings nicht gesessen.

306 *Weder Kollega Crampton noch der junge Vockerat* – Gestalten aus Gerhart Hauptmanns (1862–1946) Dramen „Kollege Crampton“ (1892) und „Einsame Menschen“ (1891).

Schubart: ... – Christian Friedrich Daniel Schubart (1739 bis 1791), demokratisch-plebejischer Publizist und Dichter des Sturm und Drang. Die Verse sind frei nach Schubarts Gedicht „Die Fürstengruft“ zitiert.

310 *Mirbach und Genossen* – Julius Graf Mirbach-Sorquitten (1839–1921), konservativer Agrarpolitiker, von 1886 bis 1898 Mitglied des Reichstages.

311 *An eine angehende Lehrerin* – Der Text wurde im „Simplicissimus“ unter dem Rubrikentitel „Soziale Gedichte“ veröffentlicht, den die Herausgeber der Gesammelten Werke dann als Gedichttitel setzten.

313 *Der Deutsch-Amerikanische Handelsvertrag* – Dieser „Vertrag“ ist eine satirisch genutzte Fiktion Wedekinds.

INHALT

LAUTENLIEDER

(Eigene Melodien)

2., durchgesehene Auflage 1988

Einbandgestaltung Werner Klemke
Grafischer Großbetrieb Sachsendruck Plauen
Printed in the German Democratic Republic
Lizenznummer 220.415/19/88
Bestellnummer 618 421 2
01200

ISBN 3-352-00092-1